ガイアブックスは
地球(ガイア)の自然環境を守ると同時に
心と体内の自然を保つべく
"ナチュラルライフ"を提唱していきます。

ELSEVIER

First published 2010, © Elsevier Limited. All rights reserved.
This edition of Pocket of Taping Techniques
(978-0-7020-3027-7) by Rose Macdonald, BA,
FCSP is published by arrangement with Elsevier Limited.

No part of this publication may be reproduced or transmitted in any form or by any means, electronic or mechanical, including photocopying, recording, or any information storage and retrieval system, without permission in writing from the publisher. Permissions may be sought directly from Elsevier's Rights Department: phone: (+1) 215 239 3804 (US) or (+44) 1865 843830 (UK); fax: (+44) 1865 853333; e-mail: healthpermissions@elsevier.com. You may also complete your request online via the Elsevier website at http://www.elsevier.com/permissions.

お断り
知識や最善の施術法は常に変化しています。新しい研究や経験で私たちの知識が広がるにつれ、施術法、治療法、薬物療法を適宜変えていくことが必要になるでしょう。読者のみなさんには、(i)取り上げられている治療法の最新情報を入手し、(ii)投与する薬の製造業者が提供する最新情報を見て、推奨用量や処方、投与の方法と期間、禁忌について確認されることをおすすめします。経験と知識に基づいて患者を診断し、患者ごとに投薬量と最適な治療法を決定し、すべての適切な安全予防措置をとることは、医療従事者の責任において行ってください。法律が出版社および著者のいずれも、本書に含まれる内容のいかなる利用から直接的または間接的に生じた、個人または財産に対する負傷および、または損害についていかなる法的責任も負うことはありません。

Pocketbook of Taping Techniques

テーピングテクニック
〈ファンクショナル・テーピング携帯ハンドブック〉

監修　村井 貞夫
編集　ローズ・マクドナルド
翻訳　小坂 由佳

日本におけるテーピングの歴史と
本書の意義

　本書は、専門的でありながら判りやすい表現で内容の理解が容易である事が大きな特徴である。論文の内容は科学性があり、具体的で合理性がある。新しい文献、学説が掲載され、興味深い。

　テーピングは、最初日本の整形外科領域において、絆創膏固定法として打撲、捻挫、小さな骨折の固定、靱帯損傷の治療に使用され、医師によって施行されてきた。それがミュンヘン、モントリオールオリンピック以後、トレーナーの分野で選手、競技者のコンディショニングやケアを目的に使用され、大きな成果を上げている。

　モントリオールオリンピック以後、米国のテーピングメーカーのテーピング、インストラクター指導者により日本体育大学の講堂において、テーピング普及のため講義と実技が施された。その後、日本企業においてテーピングの普及活動が始まり、全国に広まり爆発的に普及し、指導用パンフレット等が発行され、日本体育協会においてもコーチ養成講座に取り上げられ、学校体育、大学のスポーツ関係者育成の授業に導入され、スポーツ用品店、薬局等で広くスポーツテープが販売されるようになった。

監修者序文

　現在テーピングの関係図書が数多く販売されているが、新しい感性、考え方を伝えるものや、実際に選手のためのテーピングの図書は少ない。本書は、その穴を充分に埋めるものであり、適応と禁忌、リスク管理などの解説が具体的に表現されており、著者の意図が明確に理解できる。

　スポーツドクター、リハビリテーションの分野や理学療法士、作業療法士を養成する大学および専門学校において、また、体育大学、柔道整復師、鍼灸師、マッサージ師、トレーナーの育成校に、本書がテーピングの教科書や参考書として活用され、日本のスポーツのコンディション分野発展に研鑽の資料になれば幸いである。

監修者　**村井 貞夫**

目次

日本におけるテーピングの歴史と
本書の意義 iv

寄稿者一覧 ix

序文 xi

第1部

1. はじめに 3
2. テーピングに関する
文献の最新情報 11
3. 痛みを軽減するための
テーピング 19
4. 筋活動および
固有受容感覚を
変化させるための最近の
テーピングテクニック
.... 31

第2部

5. 足部 41

タフ・トゥーストラップ 42

外反母趾 44

抗回内テーピング 46

足底腱膜炎 48

ロー・ダイ・テーピング 52

足底腱膜炎の場合の支持 .. 54

内側アーチの支持 56

ダンサーの立方骨亜脱臼 ... 58

踵痛 60

踵の挫傷 62

6. 足首と下肢 65

急性足関節捻挫―
現場でのラップ 66

急性足関節捻挫―オープン・
バスケットウィーブ 68

急性足関節捻挫 70

脛腓靱帯結合 72

足首背屈および
後足部の動きの抑制 74

アキレス腱傷害 76

アキレス腱傷害 78

vi

目次

アキレス腱サポート─
2つの方法 82

足関節の外側面に対する
傷害予防テーピング 86

足関節のクローズド・バスケット
ウィーブテーピング 90

クローズド・バスケットウィーブ
のためのヒールロック 92

踵骨の動きの抑制 94

脛腓関節 96

内側脛骨ストレス症候群
（MTSS）および抗回内
テーピング 98

7. 膝 101

膝蓋腱症 102

脂肪体の負荷の軽減 104

膝サポート─
クリスタルパレス・ラップ ... 106

外側側副靱帯の捻挫 108

前十字テーピング 110

膝の連続
フィギュアエイトラップ 112

外側広筋の抑制 114

8. 腰椎 117

腰椎テーピング 118

骨盤前面の安定性 120

仙腸関節 122

慢性の腰痛および
下肢痛 124

9. 胸椎 127

胸椎テーピング 128

胸椎の負荷の軽減 130

翼状肩甲 132

肩甲骨の調整─
ワトソンストラップ 134

肩甲骨内転 136

前鋸筋テーピング 138

10. 肩甲帯 141

肩のテーピング技術─
はじめに 142

肩甲帯挙上 142

肩鎖関節の適合性 144

肩鎖関節亜脱臼 146

肩鎖関節ストラップ 148

肩鎖関節テーピング 150

伸縮性テープを用いた
スポーツのための
肩鎖関節テーピング 154

肩甲骨の上方回旋 158

上腕骨頭の整復 160

多方向不安定症 162

上部僧帽筋の抑制 164

肩甲骨の外旋 166

vii

目次

肩甲骨の後傾.....................168

11. 肘、手首、手 171

テニス肘(外側上顆炎) 172

簡単な上顆炎技術 174

肘過伸展による捻挫 176

予防的な手首テーピング..178

手首テーピング 182

手首テーピング 184

手首テーピング 188

下橈尺関節テーピング 190

手の挫傷............................192

手掌保護テーピング
(ラッセル網) 194

ボクサーのための
中手指節関節の保護 198

12. 手指 201

手指の捻挫—
バディーシステム................202

1本の指のテーピング........204

指関節の支持.....................206

クライマーの指の傷害 208

予防的な母指の
テーピング..........................210

母指の簡単なチェック
レインフィギュア
エイト法 214

母指スパイカテーピング...216

13. スパイカおよび
三角巾.............................219

用語集.....................................225

索引...228

viii

寄稿者一覧　　肩書きおよび担当ページはp.234を参照。

チャック・アームストロング

ミシェル・J・キャラハン

ウェイン・A・ヒン

アンドリュー・ヒューズ

デビッド・ニーショー

ゲーリー・ラペンスキー

ウーリック・マッカーシー・ペルソン

ジェニー・マコーネル

ローズ・マクドナルド

ヘレン・ミルソン

ディラン・モリシー

ジェフ・オニール

デール・リーズ

ダンカン・A・リード

オリビエ・ルイヨン

ケニス・E・ライト

序文

　テーピングは、現在、けがの治療とリハビリテーションに携わるすべての人にとって欠かせない技術と認められている。スポーツ傷害のみならず、筋肉アンバランス、関節の不安定性、神経機能障害などの多くの他の疾患にも広く用いられている。治療とリハビリテーションの期間中、テーピングは、傷ついた構造がさらに損傷やストレスを受けないようにサポートし保護することで治癒過程を助けて、治療や休業期間が長引かないようにするものだ。

　外傷予防のために、新たなテクニックが常に開発されており、一般診療部門やスポーツをしない人々のための病院環境でも用いることができる。一旦、基本的なテクニックを習得すれば、テーピングの原則を常に忠実に守りつつ、修正や変更を加えたり、新たなテクニック自体を開発したりすることもできる。

　新たなテクニックの開発を支援に役立つよう、このハンドブックには、適応の通りに利用したり状況に合わせて修正したりすることのできる多くの新しいアイデアが盛り込まれている。基本的なテクニックは良いテーピングの実践に欠かせないので、"古くからの定番"の多くも含まれている。科学的エビデンスに基づいて、筋活動や固有受容感覚を変化させるテクニックに関する章も、このようなテーピングになじみのない人のために設けてある。

序文

　スポーツ医学では、機能療法による早期モビリゼーションに向かう流れがあり、ギプス包帯で全体を固定する方法は、あまり一般的ではなくなっている。代わりに着脱可能なギプス装具を用いることで、回復期を通してテーピング療法を継続することができるようになる。四肢や体の一部にテーピングを施すことは、"柔軟なギプス"を使うようなもので、さらなるけがを防ぎ、けがをした部分を休ませる。柔軟なテーピングギプスは、動きの範囲を制限するものなので、がっちりと固定してはいけない多くのスポーツで用いることができる。

　包帯の方がテーピングよりも適切な場合もある。したがって、このハンドブックの終わりには、覚書として、麦穂包帯（フィギュアエイト）と三角巾を使って腕を吊る方法に関する2つの短い節を設けた。

　新たに南アフリカ、アイルランド、英国からの寄稿者が、専門知識を活かし、エビデンスに基づいた豊富な新しいテクニックや最新の文献をこのハンドブックに提供してくれた。

ローズ・マクドナルド

part 1

第1部

1. はじめに ……………………………… 3
2. テーピングに関する文献の
   最新情報 ……………………………… 11
3. 痛みを軽減するための
   テーピング …………………………… 19
4. 筋活動および固有受容感覚を
   変化させるための最近の
   テーピングテクニック ……………… 31

chapter
第1章

はじめに　R. マクドナルド

テーピングの役割 …………………… 4
テープの種類 ………………………… 4
テーピングの原則 …………………… 6
テーピングのガイドライン ………… 6
保管方法 ……………………………… 8
テーピング用語 ……………………… 8
その他のテーピング用品 …………… 9

テーピングテクニック

　傷ついた軟部組織および関節にテーピングを施すと、これらの構造に支持および保護を提供し、急性期の痛みや腫れを最小限に抑えることができる。テーピングは、弛緩位において正常な支持構造を補強し、傷ついた組織がさらに損傷しないように保護するものだ。数多くのさまざまな技術が、外傷の予防、治療、リハビリテーション、固有受容感覚、スポーツに用いられている。

　このマニュアルでは、さまざまな技術が図解されており、寄稿者たちのさまざまな哲学も見て取れる。寄稿者の多くは、それぞれの国の傑出した理学療法士である。

テーピングの役割

　テーピングは、傷ついた構造を以下のように治療とリハビリテーションのプログラム中に保護するために用いられる。
- 包帯やパッドを適所に固定する。
- けがをしたばかりの部位を圧迫し、出血や腫れを抑える。
- 靭帯、腱、筋肉を支持することで、さらに傷害を受けないように保護する。
- 望ましくない関節の動きを制限する。
- 傷ついた構造を圧迫しないで最適な回復を可能にする。
- エクササイズやストレッチ、固有受容感覚のプログラム中に、機能肢位で、傷ついた構造を保護および支持する。

　テーピングは治療やリハビリテーションの代わりになるものではなく、総合的な傷害のケアを補助するものだということをしっかりと理解する必要がある。

テープの種類

　高品質のテープは、接着が簡単で、汗をかいたり活発に動いたりしても接着力が持続する。

伸縮性粘着テープ（伸縮性粘着包帯　EAB）

　体の表面に合わせて伸縮し、通常の組織の伸展が可能であるため、以下の目的で用いられる：
- 軟部組織を圧迫して支持する
- 筋肉周囲を固定し、伸展を許容する
- 保護パットを適所に固定する

　伸縮性テープは、靭帯を機械的に支持することはないが、支持をするために、硬いテープと併用することもできる。伸縮性テープは、普通は手で引きちぎることができず、はさみでカットしなければならないが、現在では、手で引きちぎることができる非常に軽量の伸縮性テープもある。さまざまな幅の伸縮性テープが入手可能で、1.25-

はじめに

10cm、そして、さらに幅の広いものもある。伸縮性テープには以下のタイプがある：
- 長さまたは幅のいずれか一方向に伸縮するタイプ
- 長さおよび幅の両方に伸縮するタイプ

伸縮性テープは、切り口で反り返る傾向があるため、最後の数cmは収縮させてから貼り付けるようにする。

非伸縮性粘着テープ

伸びない布で裏打ちされており、以下の目的で用いられる：
- 靱帯や関節包など、自力で運動しない構造を支持する
- 関節の運動を制限する
- 予防的に作用
- 伸縮性テープの末端を固定する
- 伸縮性テープを補強する
- 固有受容感覚を強化する

非伸縮性テープは、貼り付けるときに張力を維持するために手でちぎらなくてはならない。さまざまな場所でテープをちぎることができるのが重要な点である。治療で高いレベルの効果を達成する助けになるので、練習しておくとよいだろう。

注：ロイコテープPは、特別に強い非伸縮性粘着テープである。

ちぎり方

テープはピンと張ったまま、ロールに近いところでちぎる。テープを親指と人差し指で挟んで、両手の指を近づける。テープを互い違いの方向に素早く引き裂く。

縦方向および横方向の両方に、小さくちぎる練習をしておくこと。

低刺激性テープ

従来の酸化亜鉛粘着テープにはアレルギーを起こす運動選手もいるため、その代わりにハイパーフィックス/フィクソムールを使う。

防水テープ

これも、さまざまな幅のものがある。

粘着包帯

便利な製品で、伸縮性テープの代わりに用いることができる。この製品同士で粘着し、肌には粘着せず、防麦穂帯を施す場合や処置した部分を覆う場合に、最も有効である。

テーピングテクニック

テーピングの原則

テーピングの適用は簡単だが、正しく行わないと、ほとんど効果がなく、有害である場合すらある。したがって、この技術の価値を十分に活用しようとするならば、基本原則および実用面の知識が欠かせない。

テーピングを行う前には、徹底的な評価が必要である。以下のことを確認すること。
- 傷害を徹底的に評価したか?
- 傷害はどのようにして起こったのか?
- どの構造が損傷を受けたか?
- 保護および支持を必要とする組織はどこか?
- どの動きを制限する必要があるか?
- 傷害は急性か、それとも慢性か?
- 現時点で固定は必要か?
- 損傷部位の解剖学および生体力学をよく知っているか?
- テーピングを施すべき目的をはっきりと描くことができるか?
- その技術をよく知っているか?
- 手元に適切な材料があるか?

テーピングのガイドライン

> **注 意**
> 競技場で選手にテーピングをしようとする場合には、テープの使用がその競技のルールに違反しないことを確認すること。そうでないと、選手に参加資格がなくなってしまうことがある。**競技のことを知ること。** 現場でテーピングする時間の余裕があるか? もしくは、選手にテーピングを施すために、競技から選手を離脱させる必要があるか? 競技選手が参加している試合のことも考える必要がある。

テーピングする部位の準備は以下のように行うこと:
- 肌を洗って乾かし、下向きに毛を剃る。
- テープを貼りやすいように皮脂を除去する。
- テーピングの前に損傷した部位を覆う。電気カミソリなら皮膚を切ることはない。
- 競技選手がテープやスプレーにアレルギーがないかどうか確かめる。
- こすれたり圧力がかかったりする箇所には、潤滑保護パッドをあてる。
- 皮膚の保護とテープの粘着力を高めるために、粘着スプレーを使う。

はじめに

chapter 1

- 敏感肌にはアンダーラップを巻く。

役に立つコツ
同じ部位に頻繁にテーピングしている場合には、皮膚のかぶれを防ぐために次に行うテーピングの固定点を移動させるようにする。

テーピングの貼り方

- 必要な材料のすべてを手元に置く。
- 疲れないように、たとえば、作業するのに最適な高さのベッドなどで、競技選手と施術者が快適な位置になるようにする。
- 室温で皮膚にテーピングする。
- 競技選手に細心の注意を払うこと。
- 関節を機能肢位におき、傷ついた構造へのストレスが最小になるようにする。
- 靱帯が縮んだ状態にあることを確認する。
- 施術に適切なタイプ、幅、量のテープを使用すること。
- 順序に従って、テープを貼り付ける。
- 滑ったり隙間が空いたりしないように、半分重ねて次のテープを貼る。
- 目的を念頭に置いてそれぞれのテープを貼り付けること。
- 円滑にしっかりとテーピングすること。
- 四肢の形に合わせて流れるように。
- 競技選手にテーピングの機能と、どのように感じるはずかを説明すること。
- 完了したら、テーピングが機能していて快適かどうかを確かめること。

テープは均一の圧力で貼り付けられ、効果的で快適でなければならない。テープを直接皮膚に貼り付けると、最大の支持を発揮できる。

役に立つコツ
鋭角の角度の部位に対しては、縦方向にテープをちぎること。小さいストリップを、互いに重ね合わせると簡単に行える。

以下のことは避けること

- 必要以上に皮膚を引っ張る──皮膚の損傷につながる可能性がある。
- 隙間やしわ──水疱を引き起こすことがある。
- 連続して周辺部までテーピングする──1枚のストリップの方が均一な圧力になる。

テーピングテクニック

- 必要以上にテープを重ねる——血液循環と神経伝達を阻害することがある。
- 骨の部位の上での巻き方が弱すぎる——骨痛を引き起こすことがある。

テープの外し方

特に足部の足底面からは、テープを決してはぎ取ってはならない。安全に素早く除去するために、テープカッターかテーピングはさみを使うこと。ワセリンを先端につけて潤滑し、皮膚に平行に自然な軟部組織の溝にはさみを滑り込ませる。

テープを反り返らせ、皮膚を押してテープから離すように、注意深くテープを外す。四肢の軸方向に沿って注意深くテープを引く。

皮膚が傷ついていないかを確かめ、皮膚の潤いを取り戻すためにローションを塗る。テープは、長期間貼り続けることができる低刺激性テープを除いては、24時間以上つけたままにしてはならない。長い期間にわたってテープを貼り続けていると、皮膚の損傷につながる可能性がある。

活動への復帰

活動に復帰すると、傷ついた部位を再び痛める危険性がある。関節と筋肉の動きを安全な限界の範囲内に制限するために、弱った部位にテーピングを施すことで、再度傷つくことを防ぐことができる。これで自信を持って、競技ができる。

弛緩し過度に動く関節も、スポーツ中のけがのリスクを減らすために、粘着テープで支持することができる。

保管方法

酸化亜鉛粘着テープは、温度変化の影響を受けやすいので、冷所に保管すること。テープは、必要になるまでパッケージを開封しないようにする。開封後には、棚に置きっぱなしにせずに、気密容器(クーラーボックスやプラスチックボックスなど)に保管する。20℃を越えると、粘着テープは粘着性が増して、張力が強くなり、はがすのが難しくなる。非伸縮性テープも、温まると引きはがすのが難しくなる。低刺激性テープは、温度変化に敏感ではない。

テーピング用語

アンカー：傷ついた部位の上方および下方に最初に貼るテープで、ここにその次のストリップを貼り付ける。アンカーは皮膚の引っ張りを最小限に抑えるもので、張力をかけずに貼り付けることができる。
サポートストリップとスターアップ：望ましくない横方向の動きを制限する。
ギブニー/水平ストリップ：関節の安定性を向上させる。

はじめに chapter 1

> **注意**
> スターアップとギブニーストリップを交互に使い、バスケットウィーブパターンを作ること。

補強ストリップ：動きを制限し、伸縮性テープの上に貼り付けるとその部分の引張り強さが高くなる。

チェックレイン：動きの範囲を制限する。

ロックストリップ：伸縮性テープの（反り返りやすい）切り口を固定し、チェックレインを適所に固定し、アンカーの上に貼ってきちんと仕上げる(フィルストリップ)。

ヒールロック：距骨下関節と足関節をさらに支持するもの。

その他のテーピング用品

アンダーラップ/プロラップ/メフィックス/ハイパーフィックス/フィクソムール：敏感肌を酸化亜鉛粘着テープから保護するために用いる。

ガーゼ：圧力や摩擦に弱い部位を保護するために、正方形フォームパッドまたはヒールアンドレースパッドを用いる。

パッド：フェルト、フォーム、ゴム、またはその他の材料で作られており、敏感な部位を保護するために用いる。

粘着スプレー：皮膚に粘着性を持たせ、アンダーラップ、保護パッドやテープが粘着しやすくするために用いる。

フライヤーズ・バルサム：皮膚の保護に用いる。

粘着除去スプレー：粘着剤を除去して、テープを簡単にはがせるようにするスプレー。

テープリムーバー：皮膚に残った粘着剤をきれいにするためのもので、スプレー、溶液、ウェットティッシュ状のものがある。

ワセリン：ストレスのかかる部位を潤滑し、摩擦や軟部組織のかぶれを減らすために用いる。

タルカムパウダー：残った粘着剤を除去する必要がある場合に用いる。また、伸縮性テープがテープの端の部分で丸まるのを防ぐ。

粘着包帯：自着するが、皮膚にはくっつかず、軽い圧迫に用いたり、水の中でテープがほどけないようにテープの上に巻いたりする。

管状包帯：テープを適所に固定するために、テーピングが完了した後にその上に用いる。

エラスティック包帯/テンソル包帯：圧迫と従来型の麦穂帯に用いる。

布材：足首のラップ、三角巾、首周りや手首のサポートに用いる。

テーピングテクニック

テープカッター：素早く安全にテープを除去できる。
テーピングはさみ：テープを安全に除去するための先の尖っていないはさみ。

その他の役に立つ製品

　各身体部位のための運動用の装具およびサポーター、ネオプレン/エラスティック/その他のスリーブ、ゴムチューブ、麦穂帯用の特に長いテンソル/粘着包帯、温/冷パック、セカンドスキン/ブリスター用キット。

chapter 2 第2章

テーピングに関する文献の最新情報

M. J. キャラハン

足首のテーピング……………………… 12
膝のテーピング………………………… 15
参考文献………………………………… 16

テーピングテクニック

　テーピングは、けがの後のリハビリテーションや競技への復帰などさまざまな段階において、理学療法士に欠かせない技術であり続けている。実際に、多くの運動選手は、テーピングがスポーツの準備に欠かせないものであると考えていて、テーピングは、儀式的なプロセスになり、場合によってはほとんど迷信のようなものになっている！これにめげず、私たちは、豊富なすばらしい文献から応用の背後にある科学的な論理的根拠を研究し続ける。この章では、足首のテーピングと膝のテーピングの両方に関する文献を扱う。

足首のテーピング

　足首のテーピングに関する文献は相当の数に上る。その主な理由は、足首が、X線、心電計、関節可動域測定法、運動力学および運動学的解析によって容易に研究できるからである。足首のテーピングに対する論理的根拠には、主に、急性の傷害、機械的不安定性、および機能的不安定性の治療と、外傷予防が含まれる。

急性の傷害

　足首の急性の靱帯捻挫の後には、浮腫を抑制するために圧迫ストラップがしばしば推奨される（McCluskey et al 1976）。四肢や関節を圧迫するためのテーピングの効果について評価した研究は、ほとんどなく、Viljakka（1986）とRucinski et al（1991）では、急性の足首浮腫へのバンデージングの効果について矛盾した結論に到達している。2編のコクラン・レビューが、急性の足関節捻挫の最善の治療法を理解するのに役立つ。まず、Kerkhoffs et al（2002a）が、許容範囲の質を持つ21の試験から得た結果を分析した。仕事やスポーツへの復帰、痛み、腫れ、不安定性、動きの範囲、および捻挫の再発の観点で、患者にとっては、全体を固定するよりもむしろさまざまな足首のブレースやサポーターで治療した方がよいという明確で総合的なエビデンスを提示した。二つめのコクラン・レビュー（Kerkhoffs et al 2002b）は、急性の足関節捻挫後に用いるのに最適なブレースに関しての見解を示そうとした。しかし、中程度の質の9試験において、腫れを低減するという観点では、レースアップブレースが、セミリジッドサポーター、チュビグリップ（成型管状）タイプのストッキングやテーピングよりも優れていることがわかったが、仕事への速やかな復帰や報告された足首の不安定性の観点では、セミリジッドサポーターの方が、優れていることがわかった。このあまり説得力のないエビデンスは、どのようなブレースやサポーターが最良かはっきりしないということを意味している。

テーピングに関する文献の最新情報

chapter 2

機械的不安定性

足首の可動域を制限し、不自然な動きを減らすことが、足首のテーピングの最も明らかな役割である。健常者では、テーピングにより、8の字のコースを15分間走った後にも、足首の可動域が制限されていることが実証された（Laughman et al 1980）。

足首の機械的不安定性があるとわかっている患者では、酸化亜鉛ギブニーバスケットウィーブテクニックによって、非荷重距骨傾斜角が有意に小さくなった（Larsen 1984, Vaes et al 1985）。このように不安定性の大きい患者ほど、テーピングの効果が高いことがわかった。

テーピングによって機械的不安定性は改善するように見えるが、さまざまな期間にわたって運動した後には、動きを制限する効果が失われることに注意するのが重要だ。例えば、高強度の全身のサーキットエクササイズを10分間行った後には、テーピングの効果の40%が失われていた（Raricketal 1962）。15分間の標準的な高強度エクササイズの後には、約50%が失われ（Frankeny et al 1993）、20分間停止と走行を繰り返すランニングの後には、20%が減少（Larsen 1984）、20分間のバレーボールのトレーニング後には、他動関節可動域全体の37%の緩みがあり（Greene & Hillman 1990）、60分間のスカッシュの後には、背屈以外のすべての動きにおいて10〜20%の制限が失われ（Myburgh et al 1984）、30分間のエクササイズの後には、内反制限の14%が失われていた（Alt et al 1999）。対象者の体重、身長、および体格指数（BMI）が大きくなるほど、30分のエクササイズ後の回外および足首の底屈を抑制するテーピングの効果が低くなることもわかってきた（Meana et al 2007）。

足首のテーピングおよびブレース装着の背後にある理論に根本的な疑問が生じるのは、このようにエクササイズ中に機械的安定性を維持することができないからだ。

機能的不安定性

足首のテーピングおよびブレース装着の背後にある理論に根本的な疑問が生じるのは、このようにエクササイズ中に機械的安定性を維持することができないからだ。かつては、機械的な問題ほど重要だとは捉えられていなかったが、現在では、足首の機能的不安定性の概念とそれを緩和するテーピングやブレース装着の役割への関心が高まっている。その結果、何年にもわたって、研究者たちは、足首の慢性障害の固有受容感覚の強化に関するテーピングとブレース装着の役割について研究してきた（Glick et al 1976、Hamill et al 1986、Jerosch et al 1995、Karlsson & Andreasson 1992、Lentell et al 1995、Robbins et al 1995）。

足首の固有受容感覚の制御（そして、テーピングとブレース装着の効果）は、腓

テーピングテクニック

骨反射活動（Ashton-Miller et al 1996、Feuerbach et al 1994, Karlsson & Andreasson 1992、Konradsen & Flojsgaard 1993、Konradsen et al 1993、Lohrer et al 1999）、関節角度再現法（Jerosch et al 1995、Lentell et al 1995、Refshauge et al 2000、Spanos et al 2008）、および運動の閾値（Konradsen et al 2000）などの、さまざまな検査によって測定されてきた。

外傷予防

疫学的研究からは、テープとブレースによって足首の怪我の再発を防止できることが立証されている。外傷予防について最もよく引用されている研究は、Garrick & Requa（1973）であり、以前に足関節を捻挫した2,563人のバスケットボール選手について、連続した2シーズンにわたり、テーピングの効果を研究したものである。その研究では、酸化亜鉛スターアップをホースシュー・テクニックおよびフィギュアエイト・テクニックと組み合わせてテーピングし、ハイトップ・シューズを履くと、足首捻挫を防止するような保護の効果があった（傷害は1,000試合あたり6.5件）と結論づけられている。

足首のブレースもまた、バスケットボール（Sitler et al 1994）や男子サッカー（Surve et al 1994、Tropp et al 1985）、女子サッカー（Sharpe et al 1997）などの試合中に、急性の足首捻挫の発生および重症化を減らす（Bahr 2001）。これらの研究が、テープやブレースの効果に関する重要な情報を提供しているにもかかわらず、研究計画、外的妥当性、交絡変数、サンプルサイズに関して、批判がなされている（Sitler et al 1994）。また、適切なテクニックや道具を選択する前には、これらのことを考慮すべきである。

コクラン・レビュー（Handoll et al 2001）では、ブレース装着後の足首捻挫の相対リスクについてまとめており、足首のブレース装着は、足関節捻挫の回数を約50%減少させたと計算している（相対リスク［RR］=0.53）。この減少は、以前に足関節を捻挫した患者で最大だった。

プレラップ

2編の研究が、テーピングに対するプレラップの効果を考察したが、その結果は、テーピングに対するプレラップやアンダーラップの効果についての臨床医の間での懐疑論を和らげるものであった。Manfroy et al（1997）は、20人の健康な被験者の40分間のエクササイズを評価し、足首のテーピングにプレラップをした場合としなかった場合の間で、内反モーメントの実験的限界に統計的に有意差がないことを明らかにした。Ricard et al（2000）は、トラップドア式内反プラットフォーム装置を用いて動的な足首の内反の量と割合を測定し、プレラップの上にテープを施しても、皮膚に直接テー

プを施した場合と同じくらい効果的だと結論づけた。

テーピングテクニック

さまざまなテーピングテクニック間の比較研究が不足しているので、運動選手と理学療法士は、個人的な好み、テープを用いた個人の経験、正しいテクニックについての一般的な感覚に基づいて、テープを選ぶことが多い。

数少ない研究の中で、Rarick el al（1962）は、スターアップ・テクニックおよびヒールロック・テクニックを用いたバスケットウィーブを支持している。Frankeny et al（1993）は、ヒルトン・ボズウェル法（底屈弛緩位で足首をテーピングする方法）が内反に対して最大の抵抗力があると結論づけた。

Metcalfe et al（1997)は、ヒールロックとフィギュアエイトを用いた酸化亜鉛クローズド・バスケットウィーブ、それをモールスキンテープで補助したもの、そして、スウェード・O・ユニバーサル・ブレース(Swede-O-Universal brace：足関節固定用サポーター）を比較して、距腿および距骨下の可動域の観点では3つの方法に差がないことを明らかにした。

もちろん、足首のテーピングもブレース装着も、運動選手の運動能力に悪影響を与える場合には、役に立つと言うことはできない。系統的レビューと17編のランダム化比較試験のメタ分析（Cordova et al 2005）では、足首のテーピングとブレース装着が運動能力に与える影響が分析された。その結果、スプリント速度(1%)、敏捷性（1%)、垂直跳び（0.5％）において、運動能力の低下があったと算出された。最も悪影響の大きいのは、編み上げ式のブレースだった。これらの数字は心配いらないような小さい数字に見えるが、2つの疑問点が残る。こうしたわずかな減少は、トップレベルのスポーツ選手の運動能力に影響するのだろうか。そして、足首の傷害防止の利益は、運動能力を損なうわずかなリスクを上回るのだろうか。

膝のテーピング

足首テーピングの機械的側面と機能的側面の関係性に関する研究と並行して、何年もの間、膝のテーピングに関する研究も行われてきた。McConnell（1986）が、もともと膝蓋大腿部痛症候群（PFPS）の全般的治療プログラムの一部として膝のテーピングについて記述し、このテクニックにより膝蓋骨の位置を修正して、内側広筋斜頭（VMO）筋の収縮を強め、痛みを軽減することができると理論化したことは、よく知られている。

この問題に関する最近の文献レビューから、PFPS患者に関する今までの研究では、膝のテーピングによるVMO収縮の強化とテーピングによる膝蓋骨の位置の修正に関して結論に至っていないということが明らかになりつつある。それでも、慢性膝蓋大

テーピングテクニック

腿部痛へのテーピングの効果を評価する研究がいくつかあり、系統的レビューやメタ分析にまとめられている(Warden et al 2007)。13の適格な試験の複合解析では、内側に向かってテーピングすることによって、プラセボテーピングやテーピングを施さなかった場合と比較して、関節炎でない慢性の膝蓋痛が速やかにかつ有意に緩和したことが示されている。痛みの軽減の50%は、おそらくプラセボ効果によるものだっただろう。

最近では、感覚フィードバックを提供して、膝蓋大腿関節の固有受容感覚の状態および神経筋の制御に影響を及ぼすことに、膝テーピングの微妙な役割があるという推測がなされている。例えば、Callaghan et al (2002) は、1枚の10cm長のストリップを膝にテーピングするだけで、固有受容感覚が"低い"と等級付された健常者の膝の固有受容感覚の状態が有意に改善したことを示している。同時に、Baker et al (2002) は、PFPS患者は、健常者のグループと比較して固有受容感覚が悪いことを示した。

同時に、Baker et al (2002) は、PFPS患者は、健常者のグループと比較して固有受容感覚が悪いことを示した。したがって、膝のテーピングが膝蓋大腿部痛を有する患者の固有受容感覚を強化し、これが、膝蓋骨の位置の修正やVMOの収縮の強化の確固たるエビデンスがなくとも、短期間の自覚的な改善の説明になるだろうと、推測したくなる。

参考文献

Alt W, Lohrer H, Gollhofer A 1999 Functional properties of adhesive ankle taping: neuromuscular and mechanical effects before and after exercise. Foot and Ankle International 20(4):238–245

Ashton-Miller JA, Ottaviani RA, Hutchinson C et al 1996 What best protects the inverted weight bearing ankle against further inversion. American Journal of Sports Medicine 24(6):800–809

Bahr R 2001 Recent advances. Sports medicine. British Medical Journal 323:328–331

Baker V, Bennell K, Stillman B et al 2002 Abnormal knee joint position sense in individuals with patellofemoral pain syndrome. Journal of Orthopaedic Research 20:208–214

Callaghan MJ 1997 Patellar taping, the theory versus the evidence: a review. Physical Therapy Reviews 2:181–183

Callaghan MJ, Selfe J, Bagley P et al 2002 The effect of patellar taping on knee joint proprioception. Journal of Athletic Training 37(1):19–24

Callaghan MJ, Selfe J, McHenry A et al 2008 Effects of patellar taping on knee joint proprioception in patients with patellofemoral pain syndrome. Manual Therapy 13:192–199

Cordova ML, Scott BD, Ingersoll CD et al 2005 Effects of ankle support on lower-extremity functional performance: a meta-analysis. Medicine and Science in Sport and Exercise 37(4):635–641

Crossley K, Cowan SM, Bennell KL et al 2000 Patellar taping: is clinical success supported by scientific evidence? Manual Therapy 5(3):142–150

テーピングに関する文献の最新情報

chapter 2

Feuerbach JW, Grabiner MD, Koh TJ et al 1994 Effect of an ankle orthosis and ankle ligament anesthesia on ankle joint proprioception. American Journal of Sports Medicine 22(2):223–229

Frankeny JR, Jewett DL, Hanks GA et al 1993 A comparison of ankle taping methods. Clinical Journal of Sport Medicine 3:20–25

Freeman MAR, Dean MRE, Hanham IWF 1965 The etiology and prevention of functional instability of the foot. Journal of Bone and Joint Surgery (Br) 47-B(4):678–685

Garrick JG, Requa RK 1973 Role of external support in the prevention of ankle sprains. Medicine and Science in Sports 5(3):200–203

Glick JM, Gordon RM, Nishimoto D 1976 The prevention and treatment of ankle injuries. American Journal of Sports Medicine 4:136–141

Greene TA, Hillman SK 1990 Comparison of support provided by a semirigid orthosis and adhesive ankle taping before, during and after exercise. American Journal of Sports Medicine 18(5):498–506

Hamill J, Knutzen KM, Bates BT et al 1986 Evaluation of two ankle appliances using ground reaction force data. Journal of Orthopaedic and Sports Physical Therapy 7(5):244–249

Handoll H, Rowe B, Quinn KM et al 2001 Interventions for preventing ankle ligament injuries. Cochrane Database of Systematic Reviews, Issue 3. Art. No.: CD000018. DOI: 10.1002/14651858.CD000018

Jerosch J, Hoffstetter I, Bork H et al 1995 The influence of orthoses on the proprioception of the ankle joint. Knee Surgery, Sports Traumatology, Arthroscopy 3:39–46

Karlsson J, Andreasson GO 1992 The effect of external ankle support in chronic lateral ankle joint instability. American Journal of Sports Medicine 20(3):257–261

Kerkhoffs GM, Rowe BH, Assendelft WJ et al 2002a Immobilisation and functional treatment for acute lateral ankle ligament injuries in adults. Cochrane Database of Systematic Reviews 2002, Issue 3. Art. No.: CD003762. DOI: 10.1002/14651858.CD003762

Kerkhoffs GM, Struijs PA, Marti RK et al 2002b Different functional treatment strategies for acute lateral ankle ligament injuries in adults. Cochrane Database of Systematic Reviews 2002, Issue 3. Art. No.: CD002938. DOI: 10.1002/14651858.CD002938

Konradsen L, Hojsgaard C 1993 Pre-heel-strike peroneal muscle activity during walking and running with and without an external ankle support. Scandinavian Journal of Medicine and Science in Sports 3:99–103

Konradsen L, Ravn J, Sorensen AI 1993 Proprioception at the ankle: the effect of anaesthetic blockade of ligament receptors. Journal of Bone and Joint Surgery (Br) 75-B(3):433–436

Konradsen L, Beynnon BD, Renström PA 2000 Techniques for measuring sensorimotor control of the ankle: evaluation of different methods. In: Lephart SM, Fu FH (eds) Proprioception and neuromuscular control in joint stability, 1st edn. Human Kinetics, Champaign, pp 139–144

Larsen E 1984 Taping the ankle for chronic instability. Acta Orthopaedica Scandinavica 55:551–553

Laughman RK, Carr TA, Chao E et al 1980 Three dimensional kinematics of the taped ankle before and after exercise. American Journal of Sports Medicine 8(6):425–431

Lentell G, Baas B, Lopez D et al 1995 The contributions of proprioceptive deficits, muscle function, and anatomic laxity to functional instability of the ankle. Journal of Orthopaedic and Sports Physical Therapy 21(4):206–215

Lohrer H, Alt W, Gollhofer A 1999 Neuromuscular properties and functional aspects of taped ankles. American Journal of Sports Medicine 27(1):69–75

テーピングテクニック

McCluskey GM, Blackburn TA, Lewis T 1976 A treatment for ankle sprains. American Journal of Sports Medicine 4(4):158–161

McConnell J 1986 The management of chondromalacia patellae: a long term solution. Australian Journal of Physiotherapy 32(4):215–223

Manfroy PP, Ashton-Miller JA, Wojtys EM 1997 The effect of exercise, prewrap and athletic tape on the maximal active and passive ankle resistance to ankle inversion. American Journal of Sports Medicine 25(2):156–163

Meana M, Alegre LM, Elvira JL et al 2007 Kinematics of ankle taping after a training session. International Journal of Sports Medicine 29(1):70–76

Metcalfe RC, Schlabach GA, Looney MA et al 1997 A comparison of moleskin tape, linen tape and lace up brace on joint restriction and movement performance. Journal of Athletic Training 32(2):136–140

Myburgh KH, Vaughan CL, Issacs SK 1984 The effects of ankle guards and taping on joint motion before, during and after a squash match. American Journal of Sports Medicine 12(6):441–446

Rarick GL, Bigley G, Karts R et al 1962 The measurable support of the ankle joint by conventional methods of taping. Journal of Bone and Joint Surgery (Am) 44(A6):1183–1190

Refshauge KM, Kilbreath SL, Raymond J 2000 The effect of recurrent ankle inversion sprain and taping on proprioception at the ankle. Medicine and Science in Sport and Exercise 32(1):10–15

Ricard MD, Sherwood SM, Schulthies SS et al 2000 Effects of tape and exercise on dynamic ankle inversion. Journal of Athletic Training 35(1):31–37

Robbins S, Waked E, Rappel R 1995 Ankle taping improves proprioception before and after exercise in young men. British Journal of Sports Medicine 29(4):242–247

Rucinski TJ, Hooker DN, Prentice WE et al 1991 The effects of intermittent compression on edema in postacute ankle sprains. Journal of Orthopaedic and Sports Physical Therapy 14(2):65–69

Sharpe SR, Knapik J, Jones B 1997 Ankle braces effectively reduce recurrence of ankle sprains in female soccer players. Journal of Athletic Training 32(1):21–24

Sitler M, Ryan J, Wheeler B et al 1994 The efficacy of a semirigid ankle stabilizer to reduce acute ankle injuries in basketball. A randomized clinical study at West Point. American Journal of Sports Medicine 22(4):454–461

Spanos S, Brunswic M, Billis E 2008 The effect of taping on the proprioception of the ankle in a non-weight bearing position, amongst injured athletes. The Foot 18(1):25–33

Surve I, Schwellnus MP, Noakes T et al 1994 A five-fold reduction in the incidence of recurrent ankle sprains in soccer players using the sport-stirrup orthosis. American Journal of Sports Medicine 22(5):601–605

Tropp H, Askling C, Gillquist J 1985 Prevention of ankle sprains. American Journal of Sports Medicine 13(4):259–262

Vaes P, DeBoeck H, Handelberg F et al 1985 Comparative radiological study of the influence of ankle joint strapping and taping on ankle stability. Journal of Orthopaedic and Sports Physical Therapy 7(3):110–114

Viljakka T 1986 Mechanics of knee and ankle bandages. Acta Orthopaedica Scandinavica 57:54–58

Warden SJ, Hinman RS, Watson MA Jr et al 2007 Patellar taping and bracing for the treatment of chronic knee pain: A systematic review and meta-analysis. Arthritis and Rheumatism 59(1):73–83

chapter 3 第3章

痛みを軽減するためのテーピング

J. マコーネル

- 炎症組織の悪化を最小限に抑える──痛みのある構造の負荷の軽減……21
- テープの効果……22
- 膝のテーピング……23
- 神経組織の負荷の軽減──腰部および下肢の慢性痛の管理戦略……23
- 肩のテーピング──位置の修正と負荷軽減……26
- 結論……27
- 参考文献……28

テーピングテクニック

　スポーツ医学のクリニックを治療で訪れる患者に最も多い訴えは、痛みである。しかし、大抵の痛みは、急性の偶発的なけがの結果ではなく、時間とともに慢性的な問題を引き起こす運動系の習慣的なバランスの悪さの結果なのだ。周辺軟部組織を悪化させる過可動性／低可動性の問題がある場合もあるため、痛みの原因と出所を決定するのは、臨床医にとってしばしば困難である。患者にとって最大の課題の一つは、不安定な分節を安定化させるための適切な方策を見いだすことである。なぜなら、それに成功すれば、再発率を下げ、おそらく機能の回復率を高めることができるからである。

　関節の安定性には、3つの異なるサブシステム——他動サブシステム（骨、靱帯、筋膜、および、椎間板や半月板などのその他のすべての非収縮性組織）、自動サブシステム（関節に作用する筋肉）、神経サブシステム（中枢神経系や筋肉を制御する神経）——の相互作用が必要である（Panjabi 1992a）。関節が最も損傷を受けやすい範囲は、ニュートラルゾーン（neutral zone）として知られており、そこでは、他動構造による抵抗力がほとんど提供されない（Panjabi 1992a）。他動、自動、または神経システムの機能障害は、ニュートラルゾーンに影響するため、関節の安定性にも影響することになる。ニュートラルゾーンは、傷害によって広くなり、筋肉強化によって狭くなる。脊柱においては、例えば、分節の安定性は、たった1-3%の筋活動により増加しうる（Cholewicki et al 1997）。しかし、非代償性の機能障害は、最終的には病変を引き起こすことになる。

　非代償性の動きが症状を引き起こすまでにどのくらいの期間がかかるか？　この問いに対する答えは、おそらく、関節の組織の恒常性に関するDyeのモデル（Dye 1996）によって導くのが最もよいだろう。Dyeの主張によると、症状は、個人の動作が機能の限界を超え、特定の閾値に達したために、外傷および修復の複雑な生物学的カスケードを引き起こした時にのみ生じ、臨床的には痛みと腫れとして現れる。この閾値には、個人差があり、負荷の量と頻度に依存する（Dye 1996、Novacheck 1997）。4つの要因（解剖学的、運動学的、生理学的、治療上の要因）が、機能の限界の範囲の決定に関与する（Dye 1996、Dye et al 1998）。施術者は、炎症を起こした組織の悪化を最小化することで患者の機能の限界に、好ましい影響を及ぼすことが可能であり、さらに、動きのよい分節の制御とこわばったセグメントの動きを改善することによって、患者の機能の閾値を増大させることもできるだろう（McConnell 2000）。

痛みを軽減するためのテーピング

chapter 3

炎症組織の悪化を最小限に抑える──痛みのある構造の負荷の軽減

　炎症を起こした組織の悪化を最小限に抑えるという概念は、確実に、整形外科のすべての治療介入の中核をなすものだ。臨床医は、痛みに対処し、炎症を抑えるために、抗炎症薬、局所用クリーム、氷、電気治療モダリティ、鍼灸、テーピングなど、たくさんの治療の選択肢を持っている。慢性状態では、痛みを治めることがより難しく、時に、症状を抑えるための治療法によって、その症状が悪化するように見えることもある。例えば、慢性の腰痛と下肢痛を呈し、前屈に制限のある患者は、可動範囲を増大させるために前屈みの姿勢で治療を行うと、症状の顕著な悪化を経験する。この患者は、痛みが増すのをおそれて、治療を進めることを躊躇するようになるため、可動範囲はより制限され、患者の活動性がさらに低くなる。脂肪体の慢性の炎症に悩む別の患者では、下肢伸展挙上（SLR）エクササイズを行ったところ、痛みが悪化するばかりだと思って、治療をやめて活動を制限したが、それが大腿四頭筋の萎縮を早め、結果として横方向の膝蓋骨のトラッキングが起こり、さらに痛みが増すことになった。膝蓋下脂肪体は、膝の構造の中でも最も痛みに敏感な部分のひとつであり、膝前部の症状の有力な原因として重視しなければならない（Dye et al 1998）。

　こうした患者の管理を成功に導く鍵は、炎症を起こした軟部組織から荷重を取り除いて、痛みの増大と活動性の低下という終わりのないサイクルを打破することであり、それによって、臨床医は、患者の芳しくない動的制御に対処することができるようになる。荷重の除去の原理は、炎症を起こした軟部組織がストレッチにはよい反応を示さないという前提に基づいている（Gresalmer & McConnell 1998）。患者が内側側副靱帯を捻挫している場合、外反ストレスを膝にかけると症状が悪化するが、内反ストレスをかけると症状が軽くなる。テーピングは、炎症を起こした組織の負荷を軽減し（組織の長さを短くし）、おそらく、軟部組織に一定の軽い負荷を与えることで関節のアライメントを改善することができる。ストレッチを続けることによって軟部組織を長くすることができると、幅広く記録されている（Herbert 1993, Hooley et al 1980）。テーピングを長期間にわたって維持することができれば、関節の位置──膝蓋大腿部（PF）でも関節窩上腕関節でも──を変化させるために安定化させる筋肉を積極的に鍛える筋肉トレーニングと併せて、関節の機構に重要な影響をもつはずだ。

　テーピングで実際に関節の位置を変化させることができるかどうかについては、議論が分かれている。そのような研究の大部分は、膝蓋骨の位置変化を調査したものである。テーピングによってPF角度と膝蓋骨の外側変位は変化したが、合同角（congruence angle）は変化しなかったという調査結果もある（Roberts 1989）。他の研究者は、膝のテーピングを行った時に合同角（congruence angle）に変化

21

テーピングテクニック

がなかったことには同意したが、膝を45°屈曲させて合同角（congruence angle）を測ったために、その前に膝蓋骨の位置がわずかに変化したのではないかとしている（Bockrath et al 1993）。

無症状の患者に対する最近の研究で、内側のグライドテープは、膝蓋骨を内側に移動させるには有効である(P=0.003)が、高強度のエクササイズ後まで位置を維持する効果はない（P<0.001）ことがわかった。しかし、テーピングは、エクササイズで生じる外側への膝蓋骨のずれを防ぐようだ(P=0.016)（Larsen et al 1995）。しかし、施術者にとっての問題は、X線で見たときにテーピングによって膝蓋骨の位置が変化しているかどうかではなく、患者が痛みなくエクササイズとトレーニングを行えるように、施術者が、患者の症状の少なくとも50%を速やかに軽減できるかどうかである。

テープの効果

痛み、特にPF痛に対するテーピングの効果は、文献で非常によく立証されている（Bockrath et al 1993、Cerny 1995、Conway et al 1992、Gilleard et al 1998、Powers et al 1997）。脛骨大腿骨変形性関節症の高齢者(平均年齢70歳)のグループでも、内側方向の膝のテーピングで膝の痛みの25%が緩和したという結果がある（Cushnagan et al 1994）。しかし、効果のメカニズムについては、まだ幅広い議論が行われている。

痛みが50%緩和するように症候性患者の膝にテーピングすると、階段の昇降時に外側広筋（VL）に対する内側広筋斜頭（VMO）の活性化が早くなることがわかった。膝のテーピングは、VMOの活性化を早めるだけでなく、VLの活性化を有意に遅らせるため、テーピングした状態で階段を下りると、VMOはVLよりも8.3°早く活性化した（Gilleard et al 1998）。この結果は、最近、Cowan et al（2002）によって検証され、プラセボテープの場合およびテーピング無しの場合と比べて、テーピングによってVLに対するVMOの活性化のタイミングに変化がもたらされることがわかった。

膝のテーピングは、負荷反応時の膝の屈曲の増加と、大腿四頭筋のトルクの増加にも関連づけられてきた（Conway et al 1992、Handfield & Kramer 2000、Powers et al 1997）。症候性の軍人において、大腿四頭筋のトルクをテーピング群、ブレース装着群、対照群で評価した結果、テーピング群では、ブレース装着群および対照群よりも、求心性および遠心性トルクが共に高くなったことがわかった。しかし、筋トルクの増加と痛みの軽減の量との間に相関はなかった（Conway et al 1992）。

膝のテーピングはVMOおよびVLの活性の大きさに影響しうることが示唆されてきたが、この主張を支持しない研究もわずかにあった(Cerny 1995)。

痛みを軽減するためのテーピング

chapter 3

膝のテーピング

　膝のテーピングは、患者ごとに異なるものになる。矯正する部位、矯正の順序、テープの張力を、膝蓋骨の位置の評価に基づいて個人ごとに調整するからである。最も症状の重い部位を必ず最初に矯正するようにし、痛みを伴う活動を再評価することによって患者の症状に対する各テープ片の効果を評価すべきである。複数の部位を矯正することが必要な場合もある。テープを一枚貼り付けるごとに、症状の出る活動を再評価すべきである。テープを貼っても患者の症状が速やかに変化しなかったり症状が悪化したりするようなことがあれば、以下のうちの一つを検討しなければならない。

- その患者には軟部組織にかかる負荷を軽減するためのテープが必要である。
- テープの貼り方がよくなかった。
- 膝蓋骨の位置の評価が不適切だった。
- テーピングをしないほうがよい一次病変が患者の関節内にある。

　後傾の問題が評価によって確定している場合には、膝蓋骨の下端へのテーピングが、脂肪体の炎症を起こし、患者の痛みを悪化させるため、後傾をまず矯正しなければならない。急性の脂肪体の炎症があると、下肢伸展挙上や長時間の立位など、伸展動作によって痛みが悪化する。したがって、大腿四頭筋セッティングを含むあらゆる治療で、症状が悪化してしまう。

神経組織の負荷の軽減──腰部および下肢の慢性痛の管理戦略

　テープは、炎症を起こした神経組織の負荷軽減に用いることができる。負荷を軽減するテーピングによって、患者は症状を悪化させずに治療を受けることができ、その結果、長期間にわたって、高い治療効果が得られる。効果のメカニズムについては、まだ研究の必要があるが、テーピングで以下のことが可能である：

- 神経組織の機械的誘発への防御反応であるハムストリング筋の過活動を抑制する。
- 筋膜の向きを変化させるのにある程度の効果がある。
- 痛みのゲート・メカニズムに働きかける固有受容感覚効果がある（Jerosch et al 1996、Verhagen et al 2000）。

　軟部組織を背骨に向かって引き上げるように、罹患した皮膚分節領域に沿ってテープを貼る。必ず臀部の負荷をなくした状態で（図3.1）、臀溝の内側からはじめ、腸骨稜に向かって軟部組織を引き上げつつ、大転子の近位までテーピングする。続いて、臀裂と平行に上後腸骨棘（PSIS）までテープを貼り、次のテープは、最初の2枚のテープをつなぐように外側から内側に向かって貼る。

テーピングテクニック

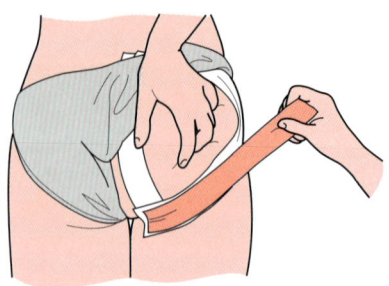

図 3.1 下肢の症状を緩和するための臀部の負荷軽減。
テープを臀溝内に食い込ませること

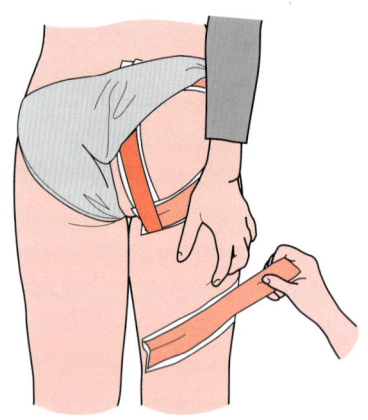

図 3.2 S1に分布する痛みに対して、皮膚を臀部に向かって持ち上げながら、大腿後部にテープを貼る。近位の症状が悪化した場合、テープの傾きを逆にするとよい

　大腿部を半分下がったところ適切な皮膚分節上に斜めのストリップを貼り、軟部組織を背骨に向かって引き上げる（S1皮膚分節については、図3.2参照）。
　テープの向きは、症状が軽減するかどうかによって決める。テープの上側の症状は速やかに軽減するはずであるが、遠位の症状は悪化する場合もある。近位の症状が悪化した場合には、即座にテープの方向を（悪化した場合、逆向きに）変えるべきであり、そうすれば症状を改善する効果があるはずだ。遠位の症状は、ふくらはぎの中程で症状のある皮膚分節の上に斜めにテープを貼り、軟部組織を近位方向に引き上げ

痛みを軽減するためのテーピング

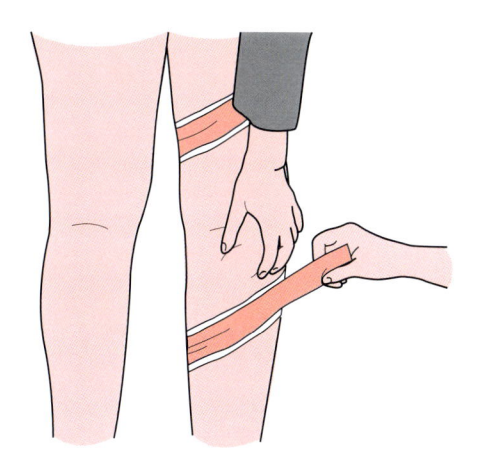

chapter 3

図 3.3 S1の症状を緩和するためのふくらはぎの負荷軽減

ると、改善するだろう(図3.3)。

組織の負担を軽減すると、症状を悪化させることなく患者を治療することができる。

腰部および下肢の痛みを管理する場合には、発症部位の治療だけでなく、原因となる要素にも対処するように、治療の焦点を変えることが必要なことがある。背中および下肢の慢性痛の患者は、しばしば大腿骨が内側に回転しており、これにより、股関節の伸展および外旋の範囲が狭まるため、歩行時に腰椎の回転が増す。股関節の内側への回転は、また、腸脛靱帯の緊張を引き起こし、中臀筋後繊維の活動を弱めるため、骨盤が力学的に不安定になる。骨盤周辺の制御が欠如していると、さらに、すでに可動性のある腰椎分節の動きが増大する。過剰な動き、特に回転が、椎間板の傷害の要因であり、ねじり力が決定的に線維輪の線維を損傷する場合がある(Farfan et al 1970、Kelsey et al 1984)。したがって、股関節の動きと制御が制限されているために生じる腰椎の過剰な運動は、腹部の支えが乏しいことと相まって、腰痛の進行の大きな要因になりうる。

慢性腰痛の治療は、以下の方針で行うべきである：

- 機能的活動のための動きが身体全体でより均等に分布するように、股関節と胸椎の動きを増大させる。
- 関連する腰部分節について、動きよりもむしろ安定性を改善する。これには、多裂筋、腹横筋(TA)、および中臀筋の後線維の筋肉制御が含まれる。

テーピングテクニック

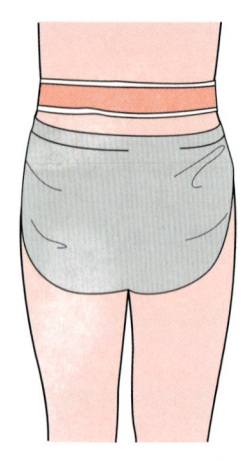

図 3.4 不安定な腰部分節の安定化

　特定の筋肉トレーニングの効果が出るまでには相当な期間がかかるため、筋肉トレーニング中に痛めやすい腰部分節の安定化の助けとなるように、テーピングを用いることができる（図3.4）。

肩のテーピング──位置の修正と負荷軽減

　肩は、PF関節と同様に、周囲の軟部組織によって位置が制御される軟部組織関節である。特に肩甲骨周辺の筋肉の機能が弱く、胸椎に硬直があると、肩の機能に重大な影響を与えるため、肩の不安定性やインピンジメント（衝突）の問題が起こりやすくなる。実際、ほとんどの肩の病気は、何らかの形でこれらの2つの要素と関連している。インピンジメントは、回旋筋腱板の機械的炎症を引き起こし、たいていは以下の結果として、大出血と腫れをもたらす：

- 上からの侵害──先天的な異常または骨棘形成
- 回旋筋腱板の腫れ──誤った投球や水泳のフォームなど、生体力学的な問題と関連した酷使による腱炎であることが多い
- 上腕骨頭の過度の偏位慢性の前部の不安定性は、肩峰下腔を狭める前上方向に上腕骨頭の偏位を増大させる。肩前部の弛緩は、例えばピッチャーが振りかぶる動作のような極度の動きで繰り返し静的支持機構にストレスがかかることにより、時間とともに進行する。

痛みを軽減するためのテーピング

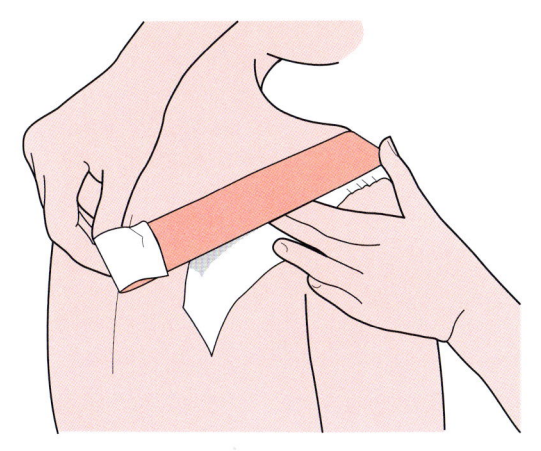

chapter 3

図 3.5 上腕骨頭を整復して上腕骨頭の前方偏位を緩和するためのテーピング

　上腕骨頭の整復により、軟部組織構造のための空間を増加させることが可能である。

　テーピングの目的は、肩峰と挙上した上腕の間の空間が増大するように、上腕骨頭の前面を上後方へ持ち上げることである。テープは、肩甲骨の下縁を越えたところまで貼り付ける。この領域の皮膚は傷つきやすく、適切に扱わないと損傷するため、前方に強く引っ張りすぎないように注意すること。テープは、症状の緩和の状況によっては、ほぼ1週間、患部に貼ったままになることがある。長期的な症状の緩和を確保するためには、胸椎の可動性の改善と肩甲骨および関節窩上腕の支持機構の筋肉トレーニングを治療に取り入れる必要がある。肩に問題を抱えた運動選手は、しばしば体幹部と骨盤の安定性が非常に悪いことがあり、運動能力を高めるためには、その治療も必要である。

結　論

　筋骨格痛の治療は、背後にある原因を特定してシステムの恒常性を回復するだけでなく、治療によって不必要に症状が悪化しないようにしなければならないので、困難な場合がある。場合によっては、痛みのある構造の負荷を軽減してから、他の治療介入を行う必要がある。そのためには、テーピングが有効である。

　テーピングは、痛みのある組織への負荷を軽減するだけでなく、機能の低下して

テーピングテクニック

いる筋肉を活性化したり、過度の筋活動を抑制したりすることもできる。施術者は、テーピングがうまくいったかどうかについて、患者から速やかにフィードバックを受ける。テーピングは、個々の患者に合わせて施すことができる。調整が簡単で、テープの張力をさまざまに変えることができる。テーピングは、コストパフォーマンスがよく時間もかからないので、症状の緩和が見られない場合には、テープの治療効果を高めるように、施術者は新しい方法を試してみるべきだ。

参考文献

Bockrath K, Wooden C, Worrell T et al 1993 Effects of patella taping on patella position and perceived pain. Medicine Science in Sports and Exercise 25(9):989–992

Cerny K 1995 Vastus medialis oblique/vastus lateralis muscle activity ratios for selected exercises in persons with and without patellofemoral pain syndrome. Physical Therapy 75(8):672–683

Cholewicki J, Panjabi MM, Khachatryan A 1997 Stabilizing function of trunk flexor-extensor muscles around a neutral spine posture. Spine 22(19):2207–2212

Conway A, Malone T, Conway P 1992 Patellar alignment/tracking alteration: effect on force output and perceived pain. Isokinetics and Exercise Science 2(1):9–17

Cowan SM, Bennell KL, Crossley KM et al 2002 Physical therapy alters recruitment of the vasti in patellofemoral pain syndrome. Medicine and Science in Sports and Exercise 34(12):1879–1885

Cushnaghan J, McCarthy R, Dieppe P 1994 The effect of taping the patella on pain in the osteoarthritic patient. British Medical Journal 308:753–755

Dye S 1996 The knee as a biologic transmission with an envelope of function: a theory. Clinical Orthopaedics 325:10–18

Dye S, Vaupel G, Dye C 1998 Conscious neurosensory mapping of the internal structures of the human knee without intra-articular anaesthesia. American Journal of Sports Medicine 26(6):1–5

Farfan HF, Cossette JW, Robertson GH et al 1970 The effects of torsion on lumbar intervertebral joints: the role of torsion in the production of disc degeneration. Journal of Bone and Joint Surgery 52A:468–497

Gilleard W, McConnell J, Parsons D 1998 The effect of patellar taping on the onset of vastus medialis obliquus and vastus lateralis muscle activity in persons with patellofemoral pain. Physical Therapy 78(1):25–32

Gresalmer R, McConnell J 1998 The patella: a team approach. Aspen, Gaithersburg, MD

Handfield T, Kramer J 2000 Effect of McConnell taping on perceived pain and knee extensor torques during isokinetic exercise performed by patients with patellofemoral pain syndrome. Physiotherapy Canada (winter):39–44

Herbert R 1993 Preventing and treating stiff joints. In: Crosbie J, McConnell J (eds) Key issues in musculoskeletal physiotherapy. Butterworth-Heinemann, Oxford

Hooley C, McCrum N, Cohen R 1980 The visco-elastic deformation of the tendon. Journal of Biomechanics 13:521

Jerosch J, Thorwesten L, Bork H 1996 Is prophylactic bracing of the ankle cost effective? Orthopedics 19(5):405–414

Kelsey JL, Githens PB, White AA 1984 An epidemiological study of lifting and twisting on the job and the risk for acute prolapsed lumbar intervertebral disc. Journal of Orthopaedic Research 2:61–66

痛みを軽減するためのテーピング

Larsen B, Andreasen E, Urfer A et al 1995 Patellar taping: a radiographic examination of the medial glide technique. American Journal of Sports Medicine 23:465–471

McConnell J 1991 Fat pad irritation – a mistaken patellar tendonitis. Sport Health 9(4):7–9

McConnell J 2000 A novel approach to pain relief pre-therapeutic exercise. Journal of Science Medicine and Sport 3(3):325–334

Novacheck TF 1997 The biomechanics of running and sprinting. In: Guten GN (ed.) Running injuries. WB Saunders, Philadelphia, PA, pp 4–19

Panjabi M 1992a The stabilising system of the spine. Part I. Function dysfunction adaptation and enhancement. Journal of Spinal Disorders 5(4):383–389

Panjabi M 1992b The stabilising system of the spine. Part II. Neutral zone and instability hypothesis. Journal of Spinal Disorders 5(4):390–397

Powers C, Landel R, Sosnick T et al 1997 The effects of patellar taping on stride characteristics and joint motion in subjects with patellofemoral pain. Journal of Orthopaedic Sports and Physical Therapy 26(6):286–291

Roberts JM 1989 The effect of taping on patellofemoral alignment – a radiological pilot study. In: Proceedings of the Sixth Biennial Conference of the Manipulative Therapists Association of Australia, pp 146–151

Verhagen EA, van Mechelen W, de Vente W 2000 The effect of preventive measures on the incidence of ankle sprains. Clinical Journal of Sport Medicine 10(4):291–296

chapter 第4章

4

筋活動および固有受容感覚を変化させるための最近のテーピングテクニック

J. マコーネル

はじめに	32
肩のテーピング	32
外側広筋の抑制のためのテーピング	34
提案されている作用メカニズム	36
参考文献	36

テーピングテクニック

はじめに

　神経筋骨格の傷害の管理、予防、治療でテーピングを利用することが一般的になった。最近では、筋活動を修正することを主目的としたテーピングテクニックが、理学療法治療の選択肢として一般的になっている。これらのテーピングテクニックのいくつかには、まだ弱いながらも科学的なエビデンスの基礎が整いつつある。

　この章では、筋活動の修正を主目的としたテーピングテクニックに関する最近の文献に見られるエビデンスを検証する。

肩のテーピング

　肩甲胸郭の機能障害を呈する患者には、中部および下部と関連した上部僧帽筋の肥大または多動性の傾向がある(Morin et al 1997)。

上部僧帽筋の抑制のためのテーピング

　筋肉の活動を抑制するために、筋肉の線維と交差してきつくテープを貼ることが提案されてきた (Morrissey 2000)。数多くの研究が、主に、上部僧帽筋（図4.1）および外側広筋（図4.2参照）上の筋繊維線維の方向にと垂直に、きっちりと貼られたきつくテープを貼ることによって、この仮説の検証を行っている（Cools et al 2002、Janwantankul & Gaogasigam 2005、Morin et al 1997、Selkowitz et al 2007、Tobin &Robinson 2000）。

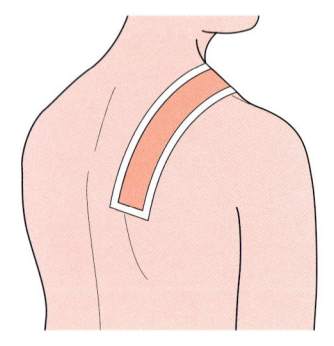

図 4.1 上部僧帽筋抑制のためのテーピング(Morrissey 2000)

最近のテーピングテクニック chapter 4

肩甲骨を後退および挙上させる上部僧帽筋の等尺性収縮を用いた研究では、上部僧帽筋抑制のテーピングを施した場合には、テーピングを施さない場合と比較して、上部僧帽筋の心電計（EMG）活動が有意に減少し、僧帽筋の中部におけるEMG活動が増加するという効果が得られることが示された(Morin et al 1997)。

異なる方法を用いた別の研究では、能動的な肩の屈曲および外転時の肩甲骨筋のEMG活動について検証を行った（Gools et al 2002）が、同様の筋肉抑制テーピングを施した上部および下部僧帽筋または前鋸筋のEMG活動に有意な変化は認められなかった。肩の痛みに悩む患者に上部僧帽筋を抑制するテーピングを施した効果について検証した研究が一例だけある（Selkowitz et al 2007）。この研究の結果からは、このテーピングテクニックによると、テーピングを施さない場合と比較して、肩の挙上時に、上部僧帽筋を抑制することが可能であり、結果として下部僧帽筋の活動の増加が起きることが示唆される。

これら3例の研究は、方法が異なるため、上部僧帽筋を抑制するためのテーピングの絶対的な効果について、結論づけることは困難である。現在のエビデンスは、リジドテープのストリップ1枚で、肩の痛みを呈する患者の等尺性収縮および肩の挙上時に、上部僧帽筋の活動を抑制し、中部／下部の僧帽筋の活動を増大させることができると示唆している。

肩甲骨筋の亢進のためのテーピング

特定の筋肉の活動を増大させることを意図したテーピングテクニックの効果を検証した研究が一例ある。この研究は、H反射を用いて筋肉の収縮しやすさを評価した（Alexander et al 2003）。H反射は、腱反射を電気的に引き起こしたようなものであり、特定の筋肉での運動単位の活性化の量の指標を与えるものである（Schieppati 1987）。この研究では、テープは、Morrissey（2000）によって以前に示唆されたように、下部僧帽筋線維の線のテープに張力をかけて、その下にある筋肉を亢進させると信じられている方法である背骨に向かって肩甲骨上に施された。著者の予想に反して、H反射は、テープによって減少し、下部僧帽筋の亢進ではなく抑制を示唆した(Alexander et al 2003)。

固有受容感覚テーピング

2例の研究で、肩の固有受容感覚と能力へのテーピングの効果を評価することを試みられた。

能動的な肩の屈曲および外転時に肩甲骨を戻す能力に関する研究が、肩甲骨のテーピングを施した場合と施さなかった場合について、Zanella el al（2001）によって行われた。肩甲骨のテーピングによって、健常者でも"翼状"肩甲骨の患者でも、

テーピングテクニック

肩甲骨を戻す能力が増大することはなかった。

　もう一つの研究では、肩の病気を持たないプロのバイオリニストの肩甲骨の位置と筋肉の能力を改善する目的で、両方の肩甲骨を後退させる肩甲骨のテーピングが施された。僧帽筋および肩甲骨の後退筋のEMG活動および音楽演奏の質が評価された。著者の予想に反して、テーピングを施さなかった対照条件と比較して、テーピングは上部僧帽筋のEMG活動を有意に増加させ、音楽演奏の質が低下した（Ackermann el al 2002）。

外側広筋の抑制のためのテーピング

　膝蓋大腿関節は、身体の中で最もよく研究されている小さな関節であり、その形状と大きさの割には、大きな痛みと障害をもたらす（Gerard 1995）。膝蓋大腿部痛症候群（PFPS）の原因に関する理論の一つは、外側広筋（VL）と内側広筋斜頭（VMO）筋の収縮の不均衡によって引き起こされるというものである。

　膝のテーピングは、PFPS患者によく使われるテクニックであり、膝蓋骨のリアライメントと、VMOの活動の増加を目的としている（McConnell 1996）。別のアプローチは、VLの筋活動を抑制することで膝蓋骨の病理機構（pathomechanics）に対処しようというものだ（Tobin & Robinson 2000）。

　VLを抑制するテーピングと筋活動への効果に関する研究は、現在2例しかなく、両方とも、階段を下りるときの表面EMGを調査している（Janwantankul & Gaogasigam 2005、Tobin & Robinson 2000）。階段歩行は、PFPS患者にとって、最も困難で痛みを伴う活動の一つと記述されている（Gilleard et al 1998）。Tobin & Robinson（2000）は、皮膚にしわが寄るほどの張力でVL筋線維に直交するようにテーピングを施した（図4.2）。VMOおよびVL筋から、心電計データが収集された。著者によると、VLのEMG活動に有意な減少が見られたが、VMOには変化がなかったと報告された。しかし、この研究では、階段歩行のペースが制御されていなかったことと、EMGデータが非常に低頻度でしかサンプリングされていなかったことに、研究方法に関する懸念がある（Herrington 2000、Scott 2000）。

　Janwantankul & Gaogasigam（2005）は、Tobin & Robinson（2000）の方法を改善してやり直すことを試みた。著者は、VL筋線維に直交するテーピングだけでなく、筋活動を促進する目的で筋線維に平行なテーピングを施して、階段を降りる間のEMG活動の平均値を評価した（Morrissey 2000）。テーピングを施さない状態と比較して、VMOおよびVLのEMG活動に有意な差はなかった。抑制のためのテーピングテクニックを評価する研究では通常はリジッドテープを用いるのだが、残念なことに、この研究ではエラスティックテープが用いられた。

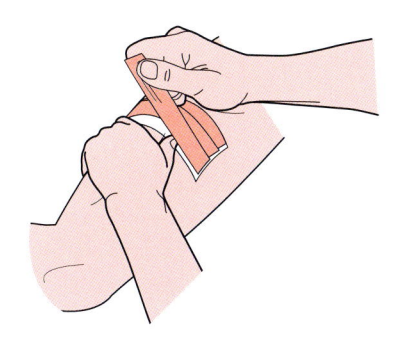

最近のテーピングテクニック chapter 4

図 4.2 筋線維に直交し、きつく施された外側広筋抑制のためのテーピング

　これら2例の研究は、方法が異なっているため、直接的な比較を行って、このタイプの抑制テープがどのように筋活動に影響するかを特定することは難しい。

　VL抑制テープの効果をよりよく理解するために、反復可能なテーピング適用の手順が確立され（McCarthy Persson et al 2007a）、階段昇降中の効果が評価された（McCarthy Persson et al 2008）。この研究の結果は、VLの選択的抑制が、階段を降りるときだけでなく、昇るときにも生じうるというTobin & Robinson（2000）の結果と一致している。

　2例の研究で、腓腹筋の筋活動を増減させるために施したテープの効果が評価された（Alexander et al 2008、McCarthy Persson et al 2007b）。これらの研究は両方とも、H反射を用いて、筋肉へのテーピングの効果を評価した。McCarthy Persson et al（2007b）は、ヒラメ筋H反射の増大に言及したが、Alexander et al（2008）は、筋線維に直交するようにテーピングした場合、H反射にそうした変化を認めていない。後者の研究では、筋線維に平行なリジッドテープによって、内側腓腹筋のH反射が減少することがわかった（Alexander et al 2008）。これらの結果もまた、矛盾しており、テーピングは、McCarthy Persson（2007b）の研究で多く報告された張力のかけ方、およびテープの角度の違いによって異なる。

テーピングテクニック

提案されている作用メカニズム

文献によると、上部僧帽筋およびVLの筋線維と交差してリジッドテープを貼ると、機能運動中の筋活動を抑制できるというエビデンスがある。下部僧帽筋および内側腓腹筋の筋線維に平行なテーピングが、静止状態における運動ニューロン興奮性を減少させるというエビデンスもある。

筋線維に平行なテーピングによって起きる抑制は、テープが筋肉を短縮させることに起因するだろうと示唆されている(Morrissey 2000)。テープが筋肉を短縮させることができれば、筋紡錘の負荷を軽減し、それによって筋放電を減らし、H反射を減少させうる(Alexander et al 2008)。

その他の提案されたメカニズムは、テープによる筋活動の変化などが、皮膚の機械的受容器刺激を引き起こすことを示唆している。機械的受容器の活性化は、皮膚にかけられた張力の方向に依存することがわかっている(Olausson et al 2000)。さらに、特定の方向に向かって皮膚に張力をかけると、筋活動に特定の変化が生じることが示されている(MacCregor et al 2005)。テーピングによってPFPS患者の膝蓋骨に張力をかけてテープを貼ると、VMOの活動を選択的に増大させることがわかった。この筋活動の増大は、皮膚を外側方向に引っ張ったときに、最大になった(MacGregor et al 2005)。これらの比較的新しいテーピングテクニックを扱った研究は、まだ少ない。筋活動と固有受容感覚を変化させるテーピングテクニックの基礎となる効果と作用メカニズムについて、さらに調査する必要がある。

参考文献

Ackermann B, Adams R, Marshall E 2002 The effect of scapula taping on electromyographic activity and musical performance in professional violinists. Australian Journal of Physiotherapy 48:197–204

Alexander CM, Stynes S, Thomas A et al 2003 Does tape facilitate or inhibit the lower trapezius? Manual Therapy 8(1):37–41

Alexander MA, McMullan M, Harrison PJ 2008 What is the effect of taping along or across a muscle on a motorneurone excitability? A study using the triceps surae. Manual Therapy 13:57–62

Cools AM, Witvrouw EE, Dannieels LA et al 2002 Does taping influence electromyographic muscle activity in the scapular rotators in healthy shoulders? Manual Therapy 7(3):154–162

Gerrard B 1995 The patellofemoral complex. In: Zuluaga M (ed.) Sports physiotherapy. Churchill Livingstone, Melbourne, pp 587–611

Gilleard W, McConnell J, Parsons D 1998 The effect of patellar taping on the onset of vastus medialis oblique and vastus lateralis muscle activity in persons with patellofemoral pain. Physical Therapy 78:25–32

Herrington L 2000 Electromyographic problems. Physiotherapy 86(7):390–392

最近のテーピングテクニック

chapter 4

Janwantankul P, Gaogasigam C 2005 Vastus lateralis and vastus medialis obliquus muscle activity during the application of inhibition and facilitation taping techniques. Clinical Rehabilitation 19:12–19

McCarthy Persson JU, Hooper ACB, Fleming HE 2007a Repeatability of skin displacement and pressure during 'inhibitory' vastus lateralis muscle taping. Manual Therapy 12:17–21

McCarthy Persson U, Boland S, Ryan S et al 2007b The effects of an inhibitory muscle tape on the soleus H-reflex. Journal of Orthopaedic and Sports Physical Therapy 37(3): abstract

McCarthy Persson U, Fleming HE, Caulfield B 2008 The effect of a vastus lateralis tape on muscle activity during stair climbing. Man Ther Jul 8 (Epub ahead of print)

McConnell JS 1986 The management of chondromalacia patella: a long term solution. Australian Journal of Physiotherapy 32:215–223

McConnell J 1996 Management of patellofemoral problems. Manual Therapy 1:60–66

MacGregor K, Gerlach S, Mellor S et al 2005 Cutaneus stimulation from patella tape causes a differential increase in vasti muscle activity in people with patellofemoral pain. Journal of Orthopedic Research 23:351–358

Morin GE, Tiberio D, Austin G 1997 The effect of upper trapezius taping on electromyographic activity in the upper and middle trapezius region. Journal of Sport Rehabilitation 6:309–318

Morrissey D 2000 Proprioceptive shoulder taping. Journal of Bodywork and Movement Therapies 4(3):189–194

Olausson H, Wessberg J, Kakuda N 2000 Tactile directional sensibility: peripheral neural mechanisms in man. Brain Research 866(1–2):178–187

Schieppati M 1987 The Hoffmann reflex: a means of assessing spinal reflex excitability and its descending control in man. Progress in Neurobiology 28:345–376

Scott M 2000 Room for improvement in study design. Physiotherapy 86(7):391–392

Selkowitz DM, Chaney C, Stuckey SJ et al 2007 The effects of scapular taping on the surface electromyographic signal amplitude of shoulder girdle muscles during upper extremity elevation in individuals with suspected shoulder impingement syndrome. Journal of Orthopedic and Sports Physical Therapy 37(11):694–702

Tobin S, Robinson G 2000 The effect of vastus lateralis inhibition taping technique on vastus lateralis and vastus medialis obliquus activity. Physiotherapy 86(4):173–183

Zanella PW, Willey SM, Seibel SL et al 2001 The effect of scapular taping on shoulder repositioning. Journal of Sport Rehabilitation 10(2):113–123Figure 4.1 Inhibitory upper trapezius tape (Morrissey 2000).Figure 4.2 Vastus lateralis inhibitory tape applied firmly, perpendicular to the muscle fibres.

part 2

第2部

- 5. 足部 ····· 41
- 6. 足首と下肢 ····· 65
- 7. 膝 ····· 101
- 8. 腰椎 ····· 117
- 9. 胸椎 ····· 127
- 10. 肩甲帯 ····· 141
- 11. 肘、手首、手 ····· 171
- 12. 手指 ····· 201
- 13. スパイカおよび三角巾 ····· 219

5

足 部

chapter
第5章

タフ・トゥーストラップ	42
外反母趾	44
抗回内テーピング	46
足底腱膜炎	48
ロー・ダイ・テーピング	52
足底腱膜炎の場合の支持	54
内側アーチの支持	56
ダンサーの立方骨亜脱臼	58
踵痛	60
踵の挫傷	62

テーピングテクニック

タフ・トゥーストラップ

J. オニール

適 応
第1中足趾節（MTP）関節捻挫

効 用
MTP関節を捻挫した母趾を安定化させて、支持する。

使用するもの
テープ粘着剤、2.5cm幅多孔性アスレチックテープ、5cm幅ライトエラスティックテープ

患者の姿勢
足部が弛緩位でベッドの端から出るように、患者を座らせる。

施術方法
1. テープ粘着剤を塗布する。
2. 足部と母趾を中間位にして、アンカーストリップを母趾および中足部に貼る（図5.1）。
3. 4-6枚の予め切っておいた2.5cmストリップ（長さ約15-20cm）を、母趾を起点として中足部のアンカーに向けて引っ張り、MTP関節を完全に覆うように貼る（背面と足底面の両方に貼る；図5.2）。
4. 2-3枚の2.5cmストリップで母趾を覆って仕上げる。5cmライトエラスティックテープで中足部を覆う（図5.3）。

確認事項
　機能の確認は重要である。このテーピングの目的は、関節の安定化であり、安定化が不十分であると、痛みが出てしまう。したがって、テープはしっかりと締めなければならない。

足部

chapter 5

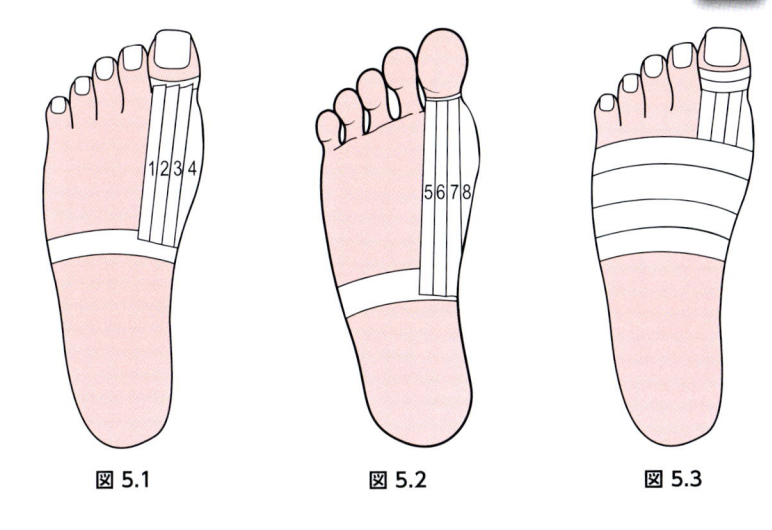

図 5.1　　　　　図 5.2　　　　　図 5.3

役に立つコツ

1. 痛みを引き起こす動作（屈曲または伸展）だけを制限する。そうすれば、比較的広い足趾の可動性を確保できる。
2. 痛みを防ぐために、足趾を解剖学的に不都合な位置（屈曲しすぎたり、伸展しすぎたり）に置かないこと。

テーピングテクニック

外反母趾

R. マクドナルド

適 応

外反変形による第1MTP関節の痛み

効 用

症状を緩和し、快適に歩行できるようにする。軽度の変形の矯正を補助する。

使用するもの

粘着スプレー、5cm幅伸縮性テープ、2.5cm幅リジッドテープ

患者の姿勢

ベッドの端から足部が出るように、背臥位にさせる。

施術方法

1. 足部に軽くスプレーする。2.5cm幅伸縮性テープを、母趾の基節骨の内側側面、関節線の遠位に貼り付ける。
3. 滑らないように趾節骨の周りに2.5cm幅リジッドテープを巻いて固定する。
4. テープを後方に引いて、踵を巻いて外側で斜め下に向け、足底アーチの下を通して、中足部の周りを回して、足底アーチの下で終わる(図5.4、5.5)。
5. 端部にリジッドテープを貼る。

確認事項

患者を歩かせて快適性を確認する。

禁 忌

母趾の過剰な外転を引き起こす可能性があるので、初期の段階ではテープがきつくなりすぎないように十分注意する。

足 部

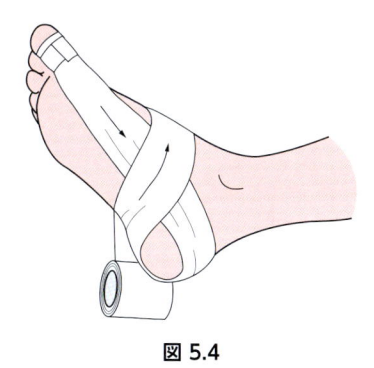

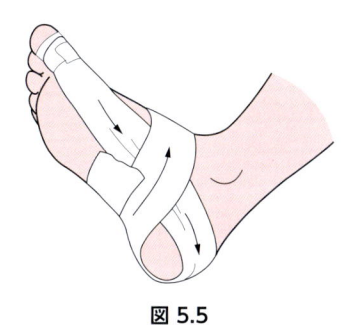

chapter 5

図 5.4

図 5.5

> **役に立つコツ**
> 患者が、快適な外転の程度について最良の判断ができるように、患者にこのテーピングの方法を教えておく。必要に応じて、少しずつ外転の程度を強めてよい。

テーピングテクニック

抗回内テーピング

A. ヒューズ

適 応

過回内に起因する足部、足首、下肢の傷害機能的矯正具の価値を評価する診断ツール

効 用

歩行サイクルの立脚期の初期に生じる踵骨回外の程度を制限する。立脚期の後期に第1趾列の底屈を補助する。

使用するもの

3.8cm幅リジッドテープ、テーピングの時間が4時間を超える場合には、5cm幅低刺激性テープ（例えば、フィクソムールまたはハイパーフィックス）

患者の姿勢

ベッドの端から足が出るようにして、長座位にする。足および足首を中間位の屈曲・伸展角度に維持する。

施術方法

以下の手順に従って、リジッドテープまたは低刺激性テープを貼る。

1. 前足部のMTP関節の上とすぐ後ろに、テープの3分の2が重なるようにして、アンカーテープを2枚貼る（図5.6）。
2. 最初のサポートストリップは、引っ張りながら、アンカーの上内側から、踵骨の後を通して、そこから45°の角度で踵骨の外側面を下方に向かって巻く（図5.7）。
3. そして、内側縦足弓の下を通し、第1趾列の上内側で終わる。これは、体重支持時に第1趾列を底屈させ、テープの張力を補強するものである（図5.8）。
4. もう1枚のサポートストリップを、先に巻いたストリップに3分の2が重なるように、繰り返し巻く（図5.9）。
5. 第1趾列の遠位半分の上のアンカーで終える。

| 足 部 | chapter 5 |

確認事項

テーピングによって足部の接地面積が減少するので、歩行時、患者は少し不安定だと感じることがある。患者が、このテーピングを施すと、とても快適でコントロールと支持が得られると言うようになると、この不安定感はすぐに消え去るだろう。

禁 忌

後足部が回内していない足底腱膜炎、正常なアーチまたはハイアーチ／凹足の硬直した足部への施術は禁忌である。

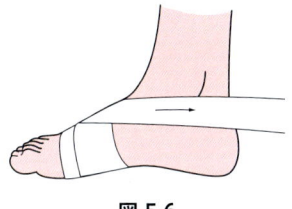

図 5.6

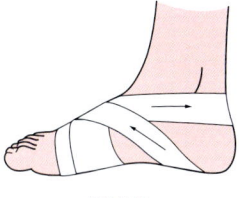

図 5.7

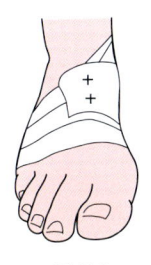

図 5.8

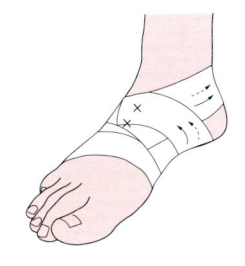

図 5.9

役に立つコツ
距骨下関節がこわばっている場合には特に、このテクニックを足部の反対側に施して、踵骨回外を促進させる。

テーピングテクニック

足底腱膜炎

H. ミルソン

適 応

足底腱膜炎、足底アーチ痛、内側脛骨ストレス症候群（MTSS）などの慢性、急性の症状

効 用

足底アーチを支持し、足底腱膜から圧力を取り除いて、治癒を促す。

使用するもの

3.8cm幅リジッドテープまたは3.8cm幅強力リジッドテープ（ロイコテープP）、5cm幅伸縮性粘着包帯（HAB）

患者の姿勢

ベッドに座らせて、足部を弛緩させてベッドの端から突き出させる。

施術方法

1. 中足部の外側から内側まで、足背側の第5中足骨基部の遠位を起点として、足背側の第1中足骨基部の遠位まで、テープを巻く。**注：ストリップを引っ張らないこと。足部の周りに巻くこと。**
2. 足部背面のテープの両端の間に隙間を残す、つまり、テープを一周させないこと（図5.10a、b）。
3. ストリップを半分ずつ重ねるようにして、（足の大きさに応じて）4回から5回繰り返す（図5.11）。**注：最後のストリップが、踵骨上の足底腱膜の起始部で終わらないようにするのが肝心である。そうしないと、足底腱膜が悪化する。**
4. 最後のストリップは、足裏の部分を真っ直ぐに貼って足裏でしわを作らないようにするために、内踝の上か周辺を終点としてよい（図5.12）。
5. テープが踵にまで伸びないように注意する。テープの位置は、踵骨上の足底腱膜起始部のちょうど後側である。
6. テープの端を抑えるために2枚のロックストリップを足部背面に貼るが、中央には隙間を残す（図5.13）。

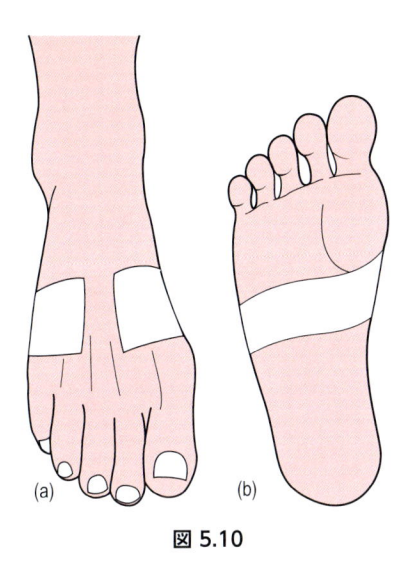

足 部

chapter 5

(a) (b)
図 5.10

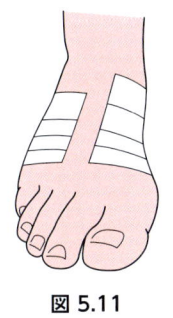

図 5.11

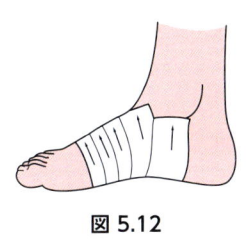

図 5.12

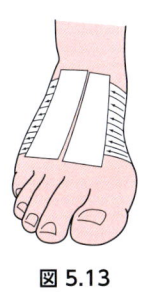

図 5.13

49

テーピングテクニック

7. すでに巻いたテープの周りに、1-2枚の5cm幅EABを軽く巻いて、足部の背面で停止すれば、テーピングの完成である。リジッドテープの小片を使って、EABを留める（図5.14）。

確認事項

テーピングをしたまま患者を歩いたり走ったりさせて評価する。例えばラグビーの試合中に、テーピングの補強が必要になることもある。

注　意

- 足部の生体力学を変化させないように、（外側から内側に）足部の周りに巻くときにはテープを引っ張ってはならない。
- テープは、踵骨の足底腱膜起始部で終わってはならない。

足 部

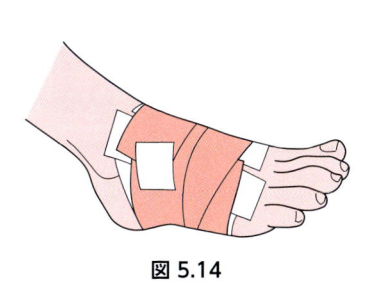

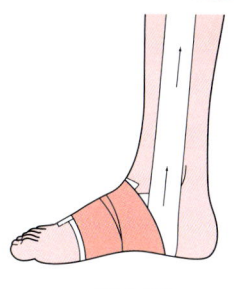

図 5.14

図 5.15

注：
患者が足部の過回内によってMTSSを発症している場合にも、以上に述べた通りにこのテーピングを行うことができる。ただし、最後の2枚のストリップは、MTSSの痛みに応じて、もっと高くまで引き上げて、すねの内側と筋肉の接合部を終点としてもよい（図5.15）。

役に立つコツ
大柄な患者や、スポーツや状況によって必要な場合には、より強力なリジッドテープ（ロイコテープP）を用いることができる。
このテープは、内側アーチサポート（装具）のような恒久的な治療具を患者が必要とするかどうかを判断するまでの一時的な措置として、非常に優れている。

テーピングテクニック

ロー・ダイ・テーピング

R. マクドナルド

適 応

過回内と関連した足底腱膜炎、内側アーチの緊張、過労性脛部痛などの使いすぎ症候群

効 用

異常な回内を制限し、足底腱膜の緊張を軽減する。

使用するもの

粘着テープ、2.5cmまたは3.8cm幅テープ(幅は足のサイズに合うもの)

患者の姿勢

下肢をベッドの端にのばして、足部は弛緩させる。

施術方法

1. 足部のテーピングする場所にスプレーをする。
2. テープを第5中足骨頭の外側面に貼り、足の外側縁に沿って踵の周りにしっかりと巻く(図5.16)。
3. 第1中足骨頭を人差し指で押し下げて、親指で第2から第5中足骨頭を支える(図5.17)。
4. 内側縁に沿ってテープを引っ張り、第1中足骨頭まで貼り付ける(図5.18)。
5. このストリップを1回か2回以上繰り返す。このとき、前に貼ったストリップに3分の1重なるようにする。
6. これらのテープを抑えるために、外側から内即に向かって足底アーチの下に2、3枚のサポートテープを貼る(図5.19)。
7. 運動選手を立たせて、体重のかかった状態で2、3枚のテープを足部の上部に貼って上を閉じる(図5.20)。

確認事項

体重を支持した時に足部がより快適に感じるか?

足 部

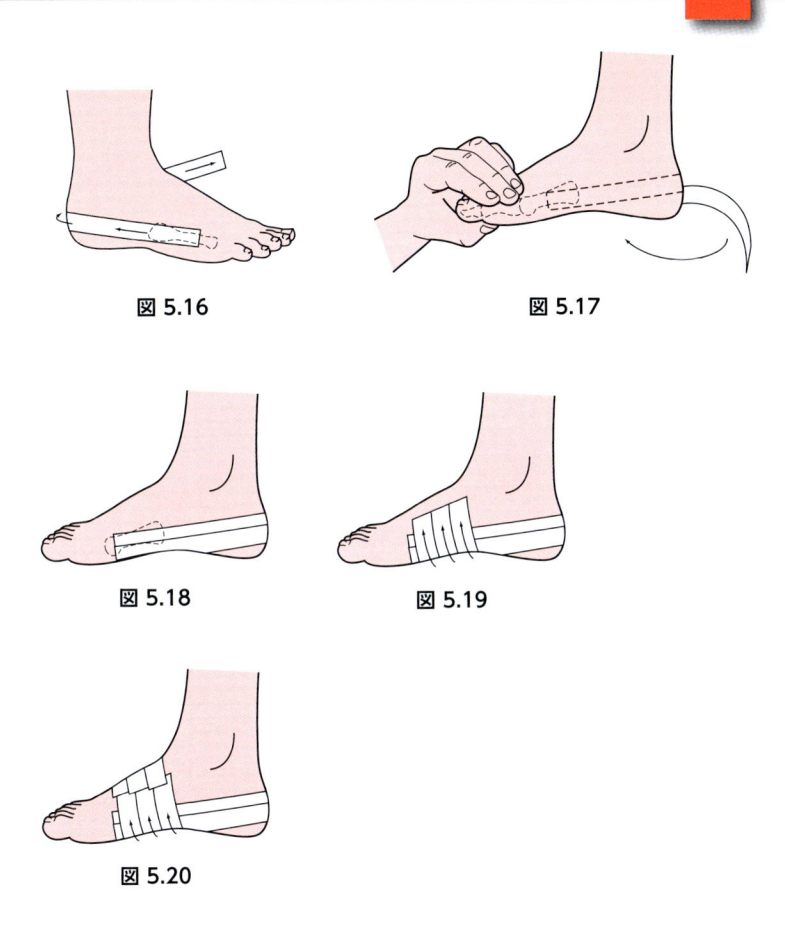

chapter 5

図 5.16

図 5.17

図 5.18

図 5.19

図 5.20

役に立つコツ
第1趾および第5趾を"広げて"しまうので、関節線を越えるところまでテープを伸ばしてはならない。回外を助けるために、踵の下にヒールウェッジを置いてもよい。

テーピングテクニック

足底腱膜炎の場合の支持

R. マクドナルド

適 応

縦アーチの緊張、過回内(足底腱膜炎)

効 用

足底アーチを支持し、足底腱膜の緊張を緩和する。

使用するもの

5cm幅伸縮性テープ、3.75cm幅テープ

患者の姿勢

うつぶせにし、足部を中間位にしてベッドの端から突き出させる。

施術方法

支 持

1. 5cm幅伸縮性テープを用いて、足部の内側、第1中足骨頭の近位を始点とする。次に、内側縁を沿わせて、踵の後ろをまわして、足の裏を斜めに横切り、最初の位置で終わる(図5.21)。
2. 同様の手順で、第5中足骨頭の近位を始点とする。足部の外側縁を沿わせて、踵の後ろをまわして、最初の位置へ戻す(ただし、テープが踵骨に付着する足底腱膜の上を通るときに張力をかける;図5.22)。

カバーストリップ

3. 伸縮性テープで足の裏を覆う。外側面の中足骨頭からはじめる。内側に向かってテープを引き出す。内側に貼り付ける前に、足底アーチを持ち上げる(図5.23)。

ロックストリップ

4. 第5中足骨頭から踵の周りを通して、3.75cm幅テープのストリップを貼って、カバーストリップの端を固定する。第1中足骨頭で終える(図5.24)。
5. 患者を立たせる。テープの端を固定するために、足部の背側にロックストリップを1枚貼る(図5.25)。

足部

chapter 5

確認事項

母趾と小趾が開いていないことを確認する。開いていたら、テープの端を緩めること。

禁　忌

硬直した硬い足部、扁平足。

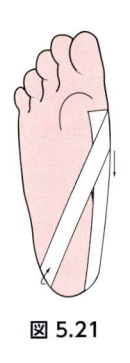

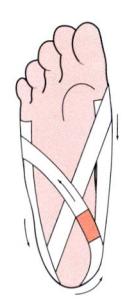

図 5.21

図 5.22

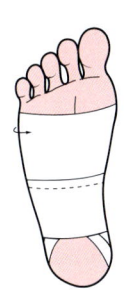

図 5.23

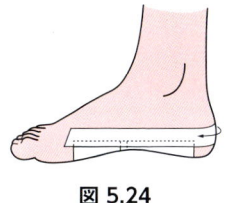

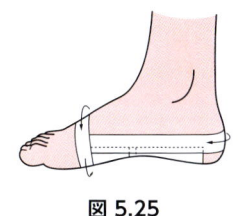

図 5.24

図 5.25

役に立つコツ

テーピングする時にはやや引っ張り気味にする。ヒールパッド(シリアクス)も有効である。
足が汗ばんでいる場合には、最後のロックストリップを足の周りに一周させ、(体重支持の状態で)前足部が開くことを確認して、足部の背面で端を閉じる。

テーピングテクニック

内側アーチの支持

R. マクドナルド

適　応

内側縦足弓痛または過回内

効　用

内側アーチを持ち上げて支持し、アーチを支持する靱帯にかかるストレスを緩和する。

使用するもの

フェルト製か高密度フォーム製の足底アーチパッド、7.5cmか10cm幅の伸縮性テープ、2.5cm幅テープ

患者の姿勢

うつぶせにして足部をベッドの端から突き出させる。

施術方法

1. 第1中足骨頭から踵骨の前面部までの長さを測定する（図5.26）。足底アーチを持ち上げるのにちょうどよい厚さの足底アーチパッドをこのサイズに合わせて切る。足底面の中央線に向かってパッドが薄くなるようにする。患者をベッドに座らせる。

アンカー

2. 足の大きさに応じて、7.5cmか10cm幅の伸縮性テープを一枚、中足部の周りに巻く。最低限の張力で、接着面を外に向けて貼り付ける。閉じた継ぎ目が、確実に足底アーチの下になるようにする（これで、靴ひもの下に継ぎ目が来ることを避けられる）。まっすぐな側が足底面の中央線に沿うようにパッドを置く（図5.27）。

サポートストリップ

3. もう1枚の伸縮性テープで、今度は接着面を内に向けて、上から覆う（図5.28）。

ロックストリップ

4. 継ぎ目をテープで固定する。サポート全体をいったん取り除いてひっくり返し、内側の継ぎ目を閉じる（図5.29）。

足部

chapter 5

確認事項

患者自身によってサポートを、最大の支持が得られる位置に移動させる。

禁　忌

内側アーチサポートの入っている靴を併用しないこと。

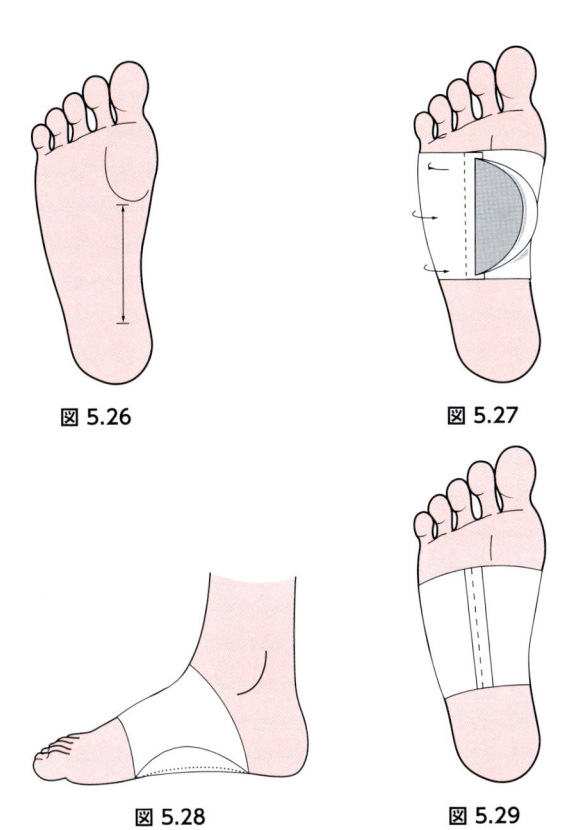

図 5.26

図 5.27

図 5.28

図 5.29

役に立つコツ
着脱可能なサポートは、患者が最も快適な位置に配置することができる。タルカムパウダーで、覆われていない接着剤がべたべたしないようにする。

テーピングテクニック

ダンサーの立方骨亜脱臼

R. マクドナルド

適 応

ダンサーの足首内反捻挫による立方骨の軽度の亜脱臼、足底面踵立方骨関節の過剰運動性

効 用

安定した位置に立方骨を維持し、中足部を安定化する。

使用するもの

5cm、7.5cm幅伸縮性テープ、3.8cm幅リジッドテープ、フェルト製粘着パッド

患者の姿勢

足が端から突き出すようにベッドに座らせる。

施術方法

1. 外縁を面取りしたパッドを足底面の立方骨下に直接貼る。
2. 5cm幅伸縮性テープを、足部の内側を始点として後方に向かって貼り付け、踵の周りに巻く。
3. 外側でテープを斜め下方に向けて、足底アーチの下を通して引き上げ、足部を一周させて足底アーチの下で終える(図5.30)。
4. 同様の手順で、足部の外側を始点として踵の周りを回し、内側から足底アーチの下を通して、足部を一周させ、足底アーチの下で終える(図5.31)。
5. 中足部の周りに7.5cm幅の伸縮テープのストリップを1枚か2枚貼って、位置を保つ。
6. 3.8cm幅リジッドテープで端を止める。

確認事項

このテクニックが快適かどうかを、患者を立たせて確認する。

禁 忌

亜脱臼の再発を防止するために、数日間は活動を控えること。

足 部 chapter 5

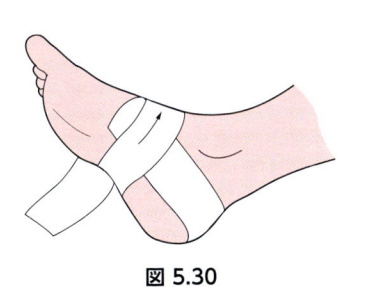

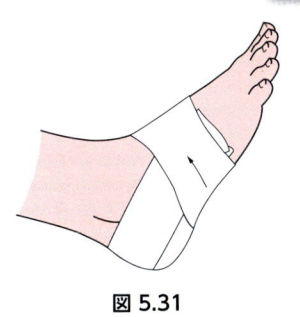

図 5.30   図 5.31

テーピングテクニック

踵　痛

W. A. ヒン、D. A. リード

適　応

踵痛、慢性足底腱膜炎、距骨下関節機能障害踵痛、慢性足底腱膜炎、距骨下関節機能障害踵骨の運動併用モビリゼーションにより、無痛の機能（痛みを軽減する向きに応じて、内旋または外旋の場合がある）が回復した場合

効　用

距骨に対する踵骨の位置を変え、位置の問題を矯正する。

使用するもの

粘着スプレーまたは低刺激性アンダーテープ（フィクソムールかメフィックス）、3.8cmストラップテープ

患者の姿勢

ベッドに患者を横向きに寝かせて、足首を中間位で弛緩させる。踵骨の内旋を維持するためにテーピングする場合には、患部の足首を下にして足首の内側を上に向け、患者を寝かせる。

施術方法

踵骨が内旋するようにテーピングする。
1. 踵骨の内旋を維持しつつ、最初のストリップを斜めに貼り、踵の後を回す（図5.32）。
2. 踵骨の周りで足の内側に斜めにテープを巻く。
3. 効果を高めるために、2枚目のテープを1枚目に重ねて貼る。

確認事項

テーピング後に立ち上がると、踵骨の位置が変わっているために、はじめは歩くのが難しいかもしれない。もともと痛みのあった動き（例えば、体重支持や歩行）を評価すること。可動域全体で痛みがなく、機能すればよい。

足 部

chapter 5

禁 忌

テーピングによって変化や痛みの増加が起きた場合。朝に最も強い痛みを感じることが多いため、特に、このテーピングでは、テープを一晩中貼ったままにした方がよい。

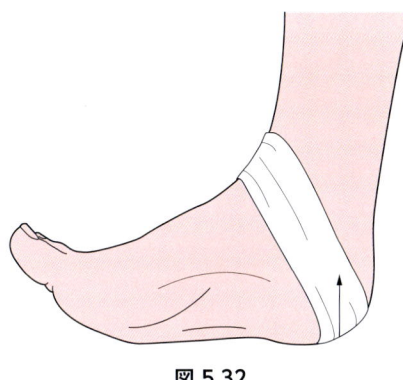

図 5.32

役に立つコツ
患者を正しい姿勢にすれば簡単に貼ることができるので、患者に貼り方を教えてもよい。

テーピングテクニック

踵の挫傷

R. マクドナルド

適 応

外傷によって薄くなった脂肪体、靴の中の衝撃吸収材の摩耗や不足

効 用

薄くなった脂肪体を踵の端から中央に向かって圧縮する。

使用するもの

スポンジゴムヒールパッド、粘着スプレー、2.5cmテープ

患者の姿勢

ベッドの端から足を付きだして、うつぶせにする。

施術方法

1. テーピングする場所にスプレーし、踵の下にパッドをあてる(テープを貼る前でも後でもよい;図5.33)。
2. 2枚のアンカーテープを踵の周りと足の下側に、バスケットウィーブ式に貼り合わせる(図5.34)。
3. 前に貼ったテープに半分重なるようにして同様に繰り返し、適切な位置にパッドをしっかりと固定する。
4. 踵の形に合わせてテープを貼っていく(図5.35)。
5. もう一度アンカーテープを貼る(図5.36)。

確認事項

患者が快適に背屈および底屈できること。挫傷の箇所に圧力がかからないこと。

禁 忌

踵に開放創がある場合。

足 部

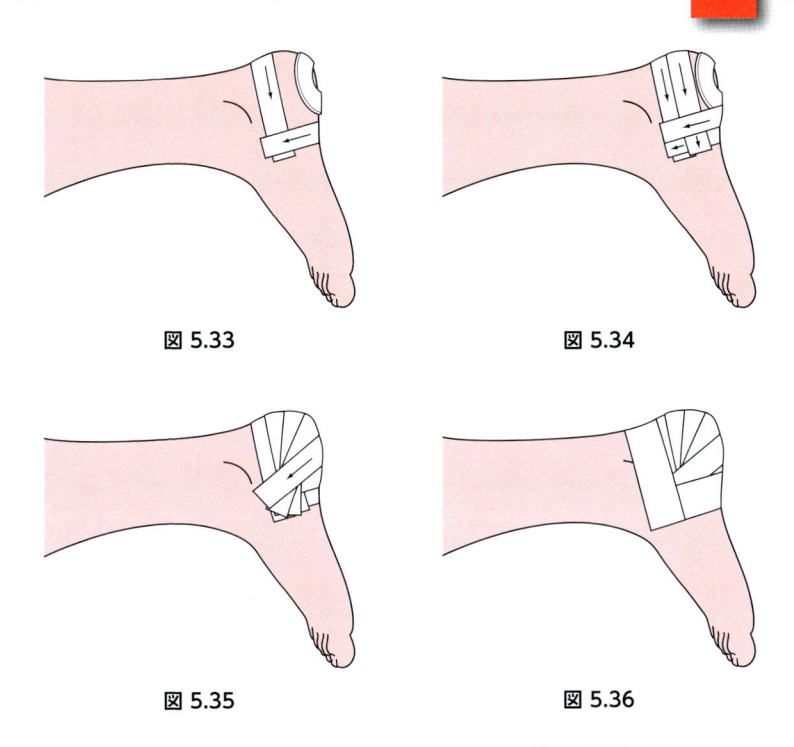

chapter 5

図 5.33

図 5.34

図 5.35

図 5.36

役に立つコツ
利用可能であれば、プラスチックのヒールカップを用いて、脂肪体をさらに圧縮し、踵の下にエアクッションを作ってもよい。
靴下や靴を履くときに、テープが丸まってしまわないように、踵の周りに、さらにテープのストリップを貼ってもよい。もう一度アンカーテープを貼ること。もう一度アンカーテープを貼る。

chapter 第6章

6

足関節と下肢

急性足関節捻挫──現場でのラップ 66
急性足関節捻挫──
　オープン・バスケットウィーブ ……… 68
急性足関節捻挫 ………………………………… 70
脛腓靱帯結合 …………………………………… 72
足首背屈および
　後足部の動きの抑制 ………………………… 74
アキレス腱傷害 ………………………………… 76
アキレス腱傷害 ………………………………… 78
アキレス腱サポート―2つの方法 …… 82
足関節の外側面に対する
　傷害予防テーピング ………………………… 86
足関節のクローズド・バスケット
　ウィーブテーピング ………………………… 90
クローズド・バスケットウィーブの
　ためのヒールロック …………………… 92
踵骨の動きの抑制 ……………………………… 94
脛腓関節 ………………………………………… 96
内側脛骨ストレス症候群(MTSS)
　および抗回内テーピング ……………… 98

テーピングテクニック

急性足関節捻挫―現場でのラップ

R. マクドナルド

適 応

急性足関節捻挫への緊急の粘着ラップ

効 用

傷ついた軟部組織を圧迫し、内出血を止めて腫れを抑える。

使用するもの

7.5cm幅粘着性エラスティック包帯

患者の姿勢

下肢を支えて座らせ、足部を中間位にする。

施術方法

内反捻挫のための方法：

1. 足部の背面始点として、内側、足底アーチの下、外側の順に、足部の周りを一周させる。2周目に入る前に、1周目の角を折り曲げて、2周目を巻いたときに適切な位置に固定されるようにしておく（図6.1）。
2. 続けて足部の背面から踵の後ろを回して、再び背面に戻り、内側を下方に通って、踵のできるだけ後ろを通す（図6.2）。
3. 外側にテープが来たら、外踝の頂点のすぐ下まで包帯の真ん中を裂き、片方は足首の前を回して、もう片方は後ろに回す（図6.3）。
4. 粘着包帯は自着するので、ピンや留め具は必要ない。

確認事項

患者が体重を支えられない場合には、骨折の可能性を除外してはならない。

禁 忌

骨折が疑われる場合、または、完全な断裂。

足関節と下肢

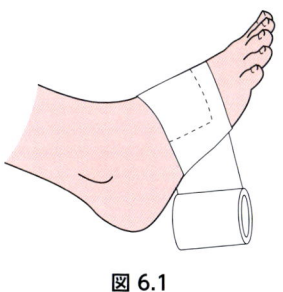

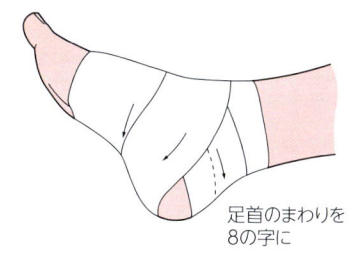

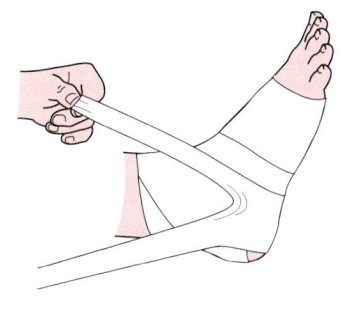

chapter 6

図 6.1

図 6.2
足首のまわりを
8の字に

図 6.3

役に立つコツ
はさみも留め具も必要ないため、この処置は、現場で速やかにかつ効率よく行うことができる。靴を脱がせると傷ついた構造がさらに損傷する恐れがある場合には、靴の上からの施術も可能である。

67

テーピングテクニック

急性足関節捻挫―オープン・バスケットウィーブ

R. マクドナルド

適 応

急性足関節捻挫-内反／外反

効 用

ごく最近に捻挫した足首をしっかりと支持する。

使用するもの

粘着スプレー、アンダーラップ、フォームパッド、3.75cm幅テープ

患者の姿勢

足部と足首を中間位にしてベッドの端から出した状態で座らせる。

施術方法

1. テーピングする場所にスプレーし、アンダーラップを一重に巻き、フォームパッドにスプレーして粘着性を持たせ、内踝と外踝の周りに貼る。
2. 踝の約10cm上方に下肢を半分覆うようにアンカーテープを貼り、もう一枚のアンカーテープは、中足骨頭の後ろに貼る。アンカーテープを閉じてしまわないこと――腫れが治まるのに備えて隙間を空けておく。下肢のアンカーの内側から縦方向にテープを貼り、踵の下を通して外側に貼り付ける。足部のアンカーの外側から水平にテープを貼り、踵の周りを回して内側へ貼り付ける（図6.4）。
3. 足関節が支持されるまで、同様に2、3枚程度のテープを貼る（図6.5）。
4. 近位から遠位に向かってサポートテープをきっちりと詰めて貼っていくが、アンカーテープと同様に隙間を空けておく。
5. 2枚の縦方向のテープで上から下まで端を覆って仕上げる（図6.6）。

確認事項

足部が快適で、体重をかけたときにサポートされているのを確かめること。

禁 忌

体重支持ができない場合。

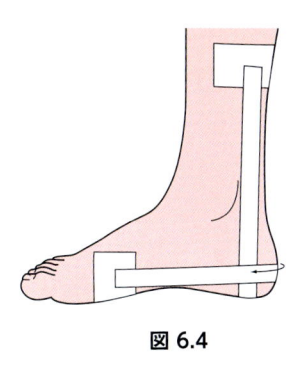

足関節と下肢　chapter 6

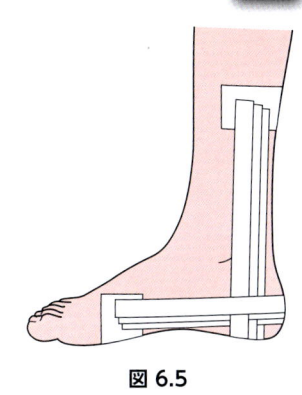

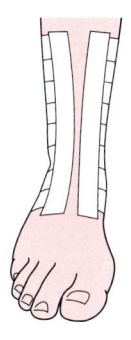

図 6.4

図 6.5

図 6.6

役に立つコツ
さらに支持をするために圧縮包帯を巻いてもよい。

テーピングテクニック

急性足関節捻挫

W. A. ヒン、D. A. リード

適 応

内反捻挫に続く急性の足関節の腫れ

効 用

ある程度の支持を提供して、初期の体重支持能力を高め、腫れを緩和し、圧迫といくらかの外側の支持を行う。

使用するもの

3.8cm幅テープ、カミソリ、ミランタ(胃薬)、フィクソムール、整形外科用フェルト、圧迫包帯(コーバン)

患者の姿勢

足関節をできるだけ中間位に近づけて患者を座らせる。

施術方法

1. フェルトを馬蹄形に切って、足関節の外側面の周辺にあてがう(図6.7)。
2. 3.8cm幅スポーツテープを取り出す。下肢の下から3分の1程度のところにアンカーテープを巻く(図6.8)。これはきつく巻いてはならない、さもないと、血流が下から戻りにくくなる。
3. スポーツテープをもう一枚取り出す。内側でアンカーにテープを貼り、U字型のスターアップになるように内側から外側に巻く。これによって、外側に向かって張力が維持され、足関節が内側に曲がるのを防ぐ。急性期には、テープ片は2枚で十分である。外側のテープを安定させるために、テープの一番上の部分に最後のアンカーテープを貼る。
4. 最後に、テーピングした足関節の上にコーバン(粘着包帯)を巻く(図6.9)。中足部を始点として、足部では張力を強めにして、下肢に巻き上げるときには張力をゆるめる。これによって、遠位から近位に向かって血流が促進される。

禁 忌

極度の腫れ、けがの後に患者が体重を支持できない場合。その場合、骨折の有無を確かめること。

足関節と下肢

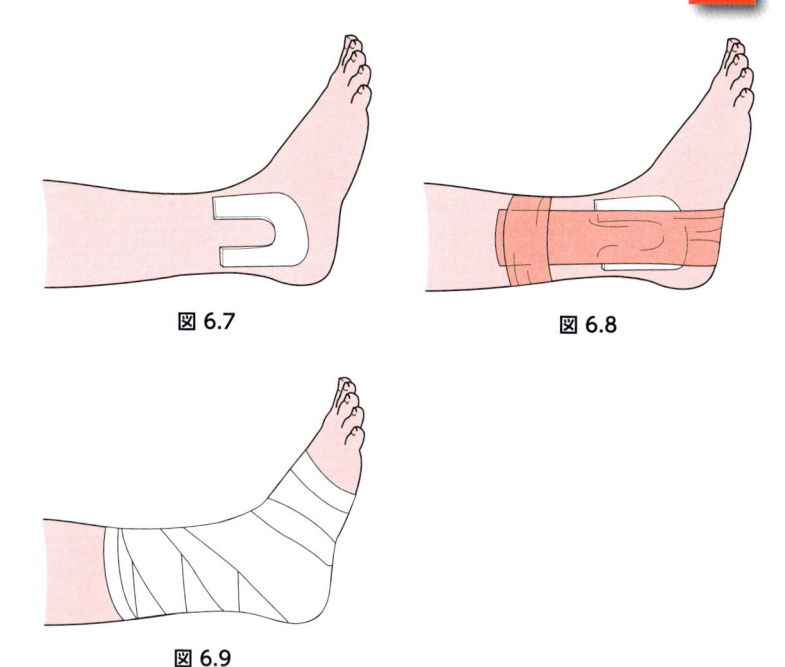

chapter 6

図 6.7

図 6.8

図 6.9

役に立つコツ
このテーピングの効果を高めるために、フェルト製のホースシューを用いて、圧迫を強め、外側の靱帯を支持している。また、外踝の周りの腫れを圧迫する効果もある

テーピングテクニック

脛腓靱帯結合

W. A. ヒン、D. A. リード

適 応

足関節の内反外傷による脛腓靱帯結合の位置の不良。運動併用モビリゼーション（MWM）によって無痛の機能が回復した場合

効 用

腓骨を脛骨の後ろに整復することで位置の不良を矯正する。極度の内反動作の間に腓骨が前方に押しつけられることによって傷害が生じる。

使用するもの

粘着スプレーまたは低刺激性アンダーテープ（フィクソムールかメフィックス）、3.8cmストラップテープ

患者の姿勢

足関節を中間位にして、ベッドに患者を背臥位に寝かせる。

施術方法

1. テーピングの目的は、腓骨を背面頭側に滑らせることである。
2. 腓骨遠位にMWMを施し維持する。
3. テーピングは、腓骨の遠位末端を覆うように前外側からはじめて、斜めに巻く（図6.10）。
4. 後上方にテープを向けて、アキレス腱の上を通り、脛骨の前内側で終わるようにする（図6.11）。

確認事項

テーピングによって足関節の動きを制限しないこと。もともと痛みのあった動き（足関節、歩行）を評価する。可動域全体で痛みがなく、機能すればよい。

禁 忌

急性期には、きつすぎたり下肢を圧迫したりすることで、腫れがひくのを妨げないようにすること。腓骨の剥離骨折の可能性のある場合は行わない。

足関節と下肢 chapter 6

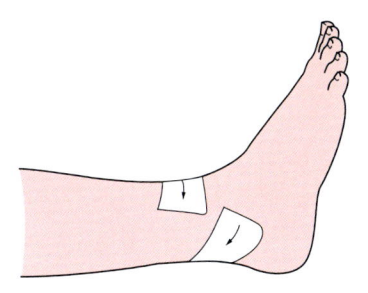

図 6.10

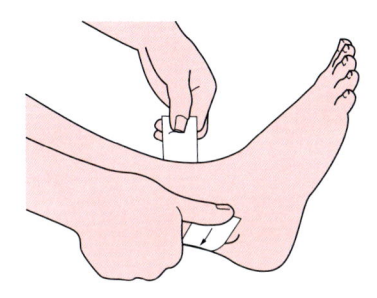

図 6.11

役に立つコツ
正常な足関節の動きを阻害して、治癒を遅らせてしまうため、回外した足には、このテーピングを行わないこと。
テーピングによって痛みが変化したり増したりする場合、48時間以上貼り続けないようにし、皮膚のかぶれの兆候があったらいつでも取り除くべきである。

テーピングテクニック

足関節背屈および後足部の動きの抑制

G. ラペンスキー

適 応

アキレス腱の問題、距骨下の動きの問題：
- アキレス腱炎
- 足首内反捻挫に続く距骨下の不安定性

効 用

足首の背屈の程度を制御する。体重支持中の後足部の位置を維持する。

使用するもの

粘着スプレー、3.8cm幅テープ、7.5cm幅伸縮性テープ

患者の姿勢

うつぶせにして、足部がベッドからはみ出るようにする。後足部を望ましい位置にする。

施術方法

1. 下肢の末端から3分の1の内側面を始点として3.8cmテープ片を貼る。テープを外側から下に回して、踵の外側を通し、足底アーチの下から足部の背面に回す（図6.12）。
2. 2枚目の3.8cmテープ片は下肢の末端から3分の1の外側面を始点とする。テープを内側から下に回して、踵の内側を通し、足底アーチの下から足部の背面に回す（図6.13）。
3. 下肢の中央線に向かって若干重なるようにして、この手順を各方向でさらに3回ずつ繰り返す。

アンカーストリップ

4. 近位の端と遠位の端を7.5cm伸縮性テープでそれぞれ固定する（図6.15）。

足関節と下肢

chapter 6

確認事項

歩行中にテープがアキレス腱を刺激していないか？

禁　忌

急性腱鞘炎

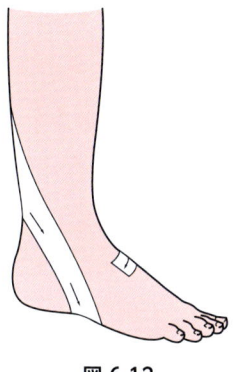

図 6.12

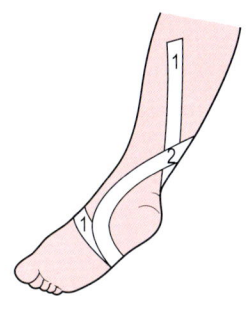

図 6.13

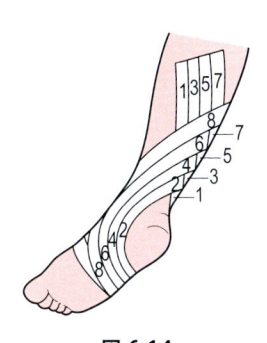

図 6.14

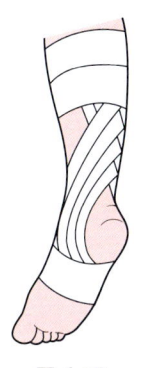

図 6.15

役に立つコツ
踵の下にヒールクッションを置く。

テーピングテクニック

アキレス腱傷害

W. A. ヒン、D. A. リード

適　応

腱の内側または外側の痛み。MWMが無痛の機能を回復させた場合

効　用

足部の回内または回外の患者に有効である。（後ろから見て）足部が回内している症例では、アキレス腱が内側に出っ張って見え、損傷しやすくなる。
テーピングは、内側で腱をへこませることによって、腱の内側への負荷を減らし、足部への加重の方法を変化させ、腱／筋肉の動き方を変える。

使用するもの

粘着スプレーまたは低刺激性アンダーテープ（フィクソムールかメフィックス）、3.8cmストラップテープ、カミソリ

患者の姿勢

患者をうつぶせにして、ベッドの端から足部を出して弛緩させる。

施術方法

内側アキレス腱痛のテーピング
1. 後方に向けて、腱の内側にテープを貼る。
2. テープの上から腱の内側に指を置いて、内側で腱をへこませるように外側に向けた力をかけ、出っ張りを矯正する。
3. 後方にテープを向けて、腱の上に"手を当てながら"、足関節の外側面へ回して、前方で終える（図6.16）。
4. 最初のテープを貼り終えたら、その上に直接2枚目を貼る。

確認事項

テーピング後に、腱が中間位に見える、または、腱の痛みのある側に向かってへこんで見えること。もともと痛みのあった動き（つまり、歩行やつま先立ち）を評価する。可動域全体で痛みがなく、機能すればよい。

76

足関節と下肢

chapter 6

禁　忌

テーピングによって変化や痛みの増加が起きた場合には、48時間以上放っておかないようにし、皮膚のかぶれの兆候が出たらいつでも取り除くこと。

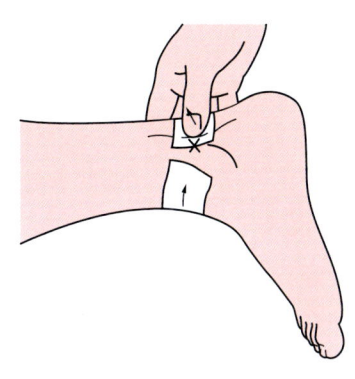

図 6.16

役に立つコツ

テープに対する皮膚の拒絶反応を防止するために、ミランタ（これは、胃の制酸剤だが、テープの酸性を中和する——エクストラストロングを使用）を皮膚に塗布する。ミランタが乾くと表面に浮いてくる粉は、テーピングする前に払い落としておくこと。

患者を正しい姿勢にすれば簡単に貼ることができるので、家族にテーピングの仕方を教えてもよい。そうすれば、夜にテープを外して朝にもう一度テーピングすることができ、皮膚の拒絶反応のリスクを軽減できる。

テーピングテクニック

アキレス腱傷害

H. ミルソン

適　応

アキレス腱の全体または一部に起こる、急性または慢性の痛みや圧痛。アキレス腱の治療、特に、特異的軟部組織マッサージ（SSTM：specific soft tissue massage）で、の補助治療として用いる。両足の踵挙上と共に用いる

効　用

歩行、エクササイズまたはスポーツ時に、アキレス腱への負荷を軽減する。

使用するもの

フライヤーズ・バルサム粘着保護ローション、リジッドテープ：3.8cm幅またはエクストラストロング・リジッドテープ（ロイコテープP）、伸縮性テープ：アレルギーがある場合や過敏な場合には、低刺激性アンダーテープ（フィクソムール）の使用も可能

患者の姿勢

患者をうつぶせにして、足部を弛緩させるが若干底屈させる（この底屈位置は、患者の機能的要求／個々の反応に応じて変えてよいが、過剰に底屈させてはならない）。下肢の下に小さな枕を置く。

施術方法

1. 7.5cm伸縮性粘着包帯（EAB）で、ふくらはぎの下から3分の2、腓腹筋上にアンカーテープを貼る。
2. 5cm幅EABで2枚目のアンカーテープを、足部の背面にテープの両端がくるようにして中足部の周りに巻く。短いリジッドテープで、EABの両端を留めておく。
3. 2つのアンカー間の長さの5cm幅EABテープでアキレス腱ストラップを始める。
    - テープの両端で約4cmまでテープを裂いて、先端部が4枚になるようにする（図6.17）。
    - この先端部をアンカーに貼る。つまり、2枚をふくらはぎのアンカーの内側と外側に（図6.18a）、2枚を足部のアンカーの足底面に（図6.18b）貼る。この時、ストラップは、アキレス腱の長さ方向に沿って皮膚とは接触していない。
    - V字からV字までの長さに沿ってストラップを折りたたんで、縦方向のラインを確定する（図6.19a）。

足関節と下肢

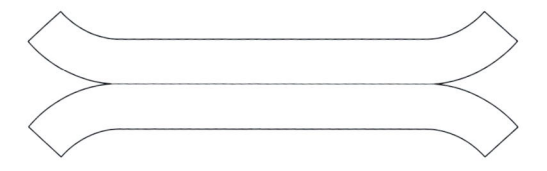

chapter 6

図 6.17

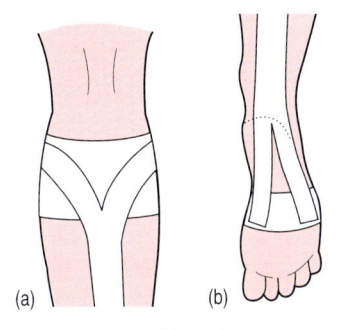

(a) (b)

図 6.18

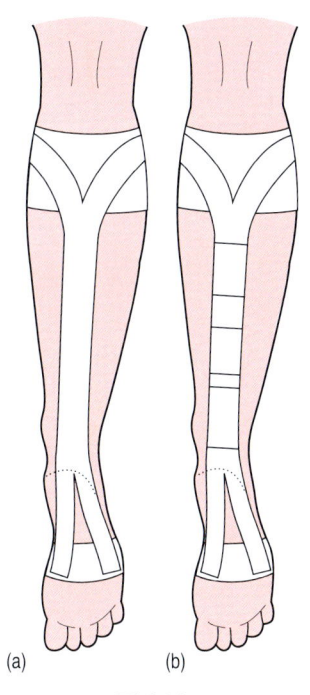

(a) (b)

図 6.19

79

テーピングテクニック

- リジッドテープの小片を、ストラップのラインの周りに水平に巻き、ストラップを"閉じて"補強する（図6.19b）。
4. さらに補強するために、1枚目に重ねて2枚目のテープを貼ってもよい。さらに補強するために、ふくらはぎに沿ってEABの上にリジッドテープを貼ることもできる。れは、患者の身体の大きさ／患者の行っているスポーツ／競技を行う地面の種類に応じて行う。
5. アンカーテープの位置を保持するために、EABを2枚のアンカーの周りに巻く。この時、ふくらはぎや足部を締め付けてはならない（図6.20）。
6. 垂直方向の"アキレス腱ストラップ"は、きちんと皮膚から離れている。これは、アキレス腱とまっすぐになっているはずである（図6.21）。また、踵がこすれることがない。もしも、踵がこすれる場合には、ガーゼを踵の周りに入れてもよい。

確認事項

このステップはとても重要だ！ テーピングをしたまま、患者に歩いたり、走ったり、スポーツ特有の動きをさせたりすると、すぐに快適性を評価することができるだろう。テープは、上を覆ったEABを外してV字型のテープを高くアンカーの方にさらに引っ張ることで、（患者自身でも）容易に調整することができる。これで、すぐに垂直方向のテープが短くなって、ストラップがきつくなる。

注　意

足部が底屈しすぎないように、垂直方向のストラップが短すぎないように、また、アンカーと仕上げのテープが、ふくらはぎを締め付けすぎないように、注意する。隙間やしわができないように気をつける。

禁　忌

皮膚のアレルギーがある場合。テーピングの後に痛みがある場合。

足関節と下肢

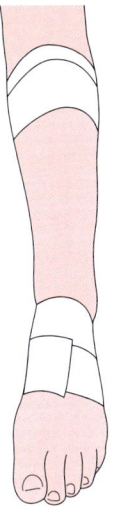

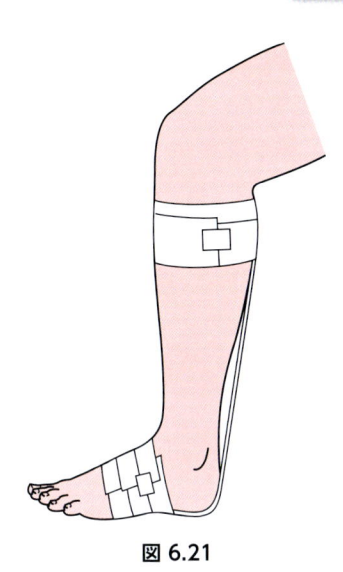

chapter 6

図 6.20

図 6.21

役に立つコツ
大柄な患者や、スポーツや状況によって必要な場合には、より強力なリジッドテープを用いることができる。日常生活やスポーツ活動の前または最中に（上述のように）テープを調整するように、患者に指導してもよい。

テーピングテクニック

アキレス腱サポート──2つの方法

O. ルイヨン

適　応

1. 簡単な方法──伸縮性テープを用い体重支持をしない予防的処置
2. 後足部を安定化させるための予防的処置
3. リジッドテープ法──スポーツ用

予防的には、方法1と2の方がよい。

方法1──簡単な方法

使用するもの

角型ガーゼ、潤滑剤、粘着スプレー、プロラップ、はさみ（先の尖っていないもの）、8cm幅・6cm幅伸縮性テープ

患者の姿勢

ベッドの端から足を出した状態で、座位にする。

施術方法

潤滑剤を含ませた角型ガーゼをアキレス腱の上に置く。下肢に粘着スプレーを吹き付ける。
足部からふくらはぎの上部にかけてプロラップをする。

1. 6cm幅伸縮性テープで、中足骨頭の近位の位置で足部の周りにアンカーテープを巻き、もう一枚をふくらはぎの近位端に巻く。

次の姿勢

うつぶせにする。

2. 6cm幅伸縮性テープを、足部のアンカーに足底面で貼り付ける。踵骨とアキレス腱の上を通して、引っ張りながら、ふくらはぎのアンカーの後側の面にテープを貼る（図6.22）。
3. このストリップ1を二等分するように、さらに2枚のストリップを足底面に貼る。ふくらはぎのアンカーに向かって、ストリップ1の中心に沿うようにして、内側と外側に1枚ずつ貼る（図6.23）。

足関節と下肢

4. 8cm幅伸縮性テープを、足部のアンカーの中央に貼る。前のストリップと同様に、ふくらはぎの後面に貼っていく。アンカーに貼る前に、上端を20cm切り裂いておく。下腿三頭筋の筋腱連結で二つに分ける。前に貼ったストリップに対応して内側と外側に分けて、ふくらはぎのアンカーに貼り付ける（図6.24）。

ふくらはぎと足部に再びアンカーテープ（ロックストリップ）を貼って仕上げる。

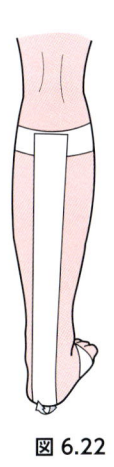

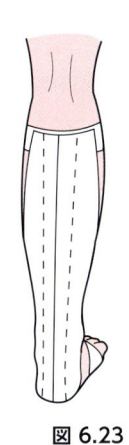

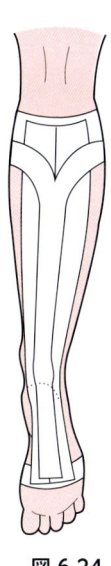

図 6.22　　　　図 6.23　　　　図 6.24

テーピングテクニック

方法2──後足部の安定化

使用するもの
アキレス腱と前足部の腱用の角型ガーゼ2枚、スプレー、プロラップ、潤滑剤

患者の姿勢
方法1と同様に行う。

施術方法
6cm幅伸縮性テープで、2枚のアンカーテープを、1枚は中足部の周りに、もう1枚はふくらはぎの近位端の周りに巻く。

アンカー

1. 6cm幅テープのストリップを3枚、2枚のアンカーの間の長さに測って切り取る。ふくらはぎのアンカーに貼る。下端を10cm切り裂く。アキレス腱のちょうど上の部分で下端を二つに分ける。
2. 内側の下端は、内踝の上、踵骨の下、足部の外側、足部背面の順に貼り付ける。もう一方の下端についても、同様に貼り付ける。
3. 2枚目および3枚目のストリップも同じ方法で貼り付ける。このとき、前方にずらして、1枚目のストリップ上に重ね合わせる（図6.25）。

仕上げ
6cm幅粘着性ラップを貼る。

足関節と下肢

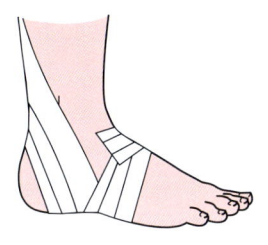

chapter 6

図 6.25

> **役に立つコツ**
> 始めるに3枚のストリップを切っておく。

85

テーピングテクニック

足関節の外側面に対する傷害予防テーピング

D. リーズ

適 応

- 足部の内反を原因とする傷害の予防
- 腓骨腱の損傷
- 前距腓靱帯および／または踵腓靱帯の捻挫の軽減または治癒

効 用

テープとテープおよびアンカーの接合部による機械的な支持と、活動中の足部の回外時に皮膚が引っ張られて起きる固有受容感覚反応の組み合わせにより、足関節の外側を支持する。

使用するもの

3.75cm幅または5cm幅テープ（足関節のサイズによる）アンダーラップおよび潤滑剤を含ませた角型ガーゼ1-2枚

患者の姿勢

患者を座位にして、ベッドの端から足を出させる、または、テーピング用の台で下肢を支える。

施術方法

テーピングする領域の剃毛をし、清潔にして乾燥させておく。まず、患者の足部を解剖学的ゼロポジション（すなわち90°）である中間位に積極的に保持させる。過度に汗をかく患者や、湿った環境で活動する患者に対しては、粘着スプレーの使用を推奨する。足関節の周りにアンダーラップをフィギュアエイトで巻いてアキレス腱の下部と関節の背面を覆うか、もしくは、潤滑剤を含ませた2枚のヒールアンドレースパッドまたは角型ガーゼを（1枚はアキレス腱に、もう一枚を踝と距骨の間の関節背面に）置く。

足関節と下肢

chapter 6

アンカー

腓腹筋の筋腹の遠位約5cmを始点としてアンカーテープ1、2、3を固定する。下肢が自然な角度になるように、テープを貼る。前のアンカーテープに、約4分の1幅だけ重ねて、遠位に向かって貼ってゆく。最後のアンカーテープの下端が、踝のすぐ近位に位置すべきである。アンカーテープが、動きの範囲を制限しないことを確認しておく（図6.26）。

サポート

1. 1枚目のサポートテープは、外踝のすぐ近位を始点とする。踵骨の後面に向かって斜めに下げ、次に、ピンと張りながら上に持ち上げ、外踝の後半分を覆うようにし、1枚目のアンカーテープの高さまで貼り付ける（図6.27）。
2. 2枚目のサポートテープは、1枚目のサポートの近位から始める。内踝の前を通って踵骨まで斜めに下がる時には、1枚目のサポートのすぐ上に貼り付け、次に、上向きにピンと貼って引っ張り、外踝の前半分を覆うようにして、1枚目のサポートとV字を形成する（図6.28）。
3. 3枚目のサポートテープは、最初の2枚の中心に貼り付ける。上向きにピンと張り、外踝を覆う（図6.29）。

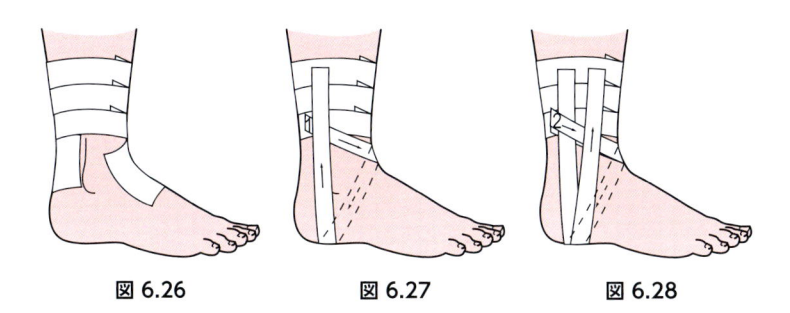

図 6.26　　　図 6.27　　　図 6.28

テーピングテクニック

アンカーロック

はじめのアンカーテープの上にさらに3枚のアンカーテープを貼る。

アンカーサポート

アーチサポートは、内踝の近位を始点とする。足部の外側を下向きに通して、次に、上向きにピンと張りながら、内側アーチの頂点で終える（図6.31）。

ヒールロック

外側ヒールロックは、外踝の近位を始点とする。踵骨の後方面に向かって斜めに下がり、次に、ピンと張りながら、踵骨の外側を覆う。そして、内踝の上を通して、らせん状に巻き上げ、貼り始めの部分と平行になるようにして終える（図6.32）。

確認事項

サポートテープを貼ったら、手で適所に固定し、患者に望ましい支持が得られているかどうかを尋ねる。得られていなければ、アンカーロックを貼る前にサポートストリップを調整する。

禁　忌

患者の関節が腫れている時には、避けるべきである。

足関節と下肢

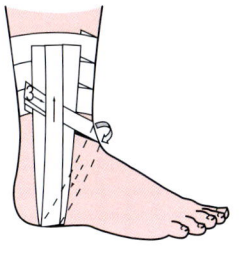

chapter 6

図 6.29

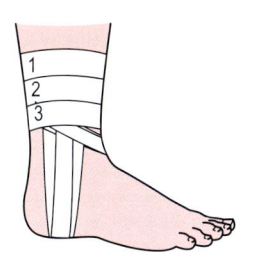

図 6.30

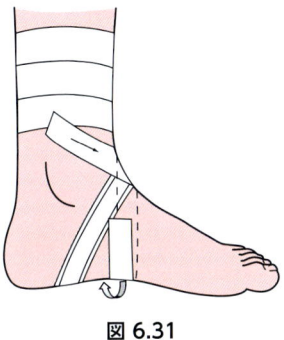

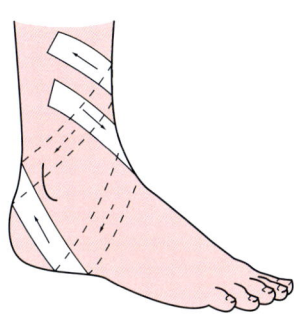

図 6.31

図 6.32

役に立つコツ
皮膚に直接貼るのが最適である。サポートテープを貼る時には、第5中足骨の基部よりも近位に保つよう注意する。

テーピングテクニック

足関節のクローズド・バスケットウィーブテーピング

R. マクドナルド

適 応

足関節内反捻挫

効 用

不必要に動きを制限することなく、外側の靱帯を支持する。

使用するもの

角型ガーゼまたはヒールアンドレースパッド、ワセリン、粘着スプレー、アンダーラップ、3.75cm幅テープ

患者の姿勢

足部と足関節がベッドの端から出るようにして座らせ、足部を背屈、外転させる。

施術方法

テーピングする領域に軽くスプレーする。潤滑剤を含ませた角型ガーゼを圧力のかかる領域（伸筋腱およびアキレス腱）の上にのせる。アンダーラップを1重に巻く（図6.33）。

アンカー

下肢の形に合わせるように内踝の約10cm上方と中足部にアンカーテープを貼る。これらのアンカーテープは、2cmだけアンダーラップに重ね、あとは直接皮膚に貼り付ける（図6.34）。

サポート

アンカーテープの内側を始点として、1枚目の縦方向のスターアップを貼り始める。内踝の後方、踵の下、外側の順にテープを引く(引っ張りながら)。アンカーテープに貼り付ける。（肌に直接貼らないこと）

水平のストリップ

水平（ギブニー）ストリップを貼る。アンカーテープの外側を始点として、踵の周りに巻き、足部のアンカーテープの内側に貼り付ける（図6.35）。足関節を覆うまで、垂直方向のストリップと水平方向のストリップを交互に繰り返す。それぞれのストリップが、前

足関節と下肢

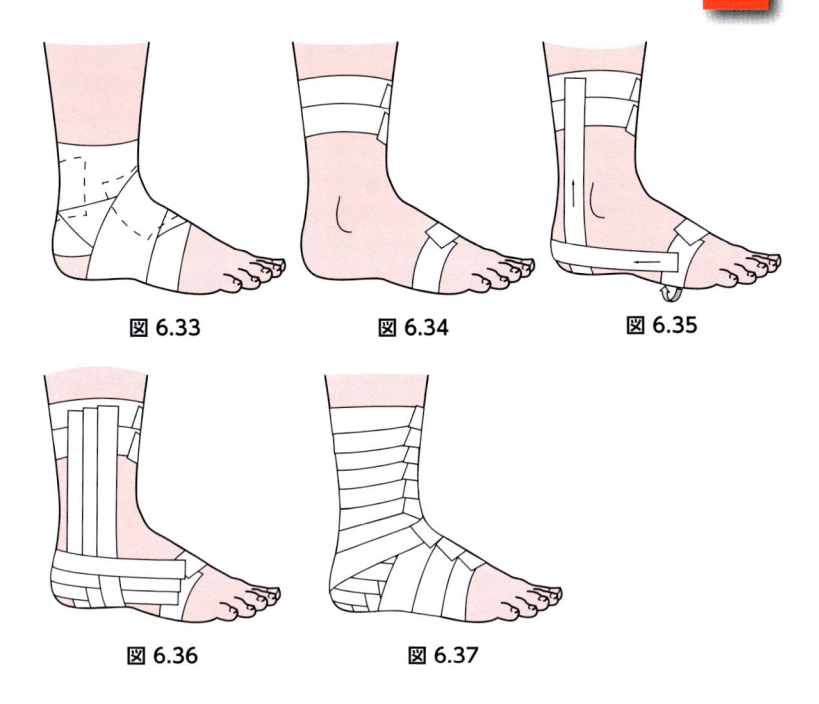

chapter 6

図 6.33

図 6.34

図 6.35

図 6.36

図 6.37

に貼ったものと3分の1重なるようにすること(図6.36)。

ロックストリップ

アンカーテープの間をロックストリップで埋める。

確認事項

支持ができているか、きつすぎないか?

禁　忌

腫れ、炎症、出血のある場合。

役に立つコツ
手であたためて貼り付けること。

テーピングテクニック

クローズド・バスケットウィーブのためのヒールロック

R. マクドナルド

適　応

足関節捻挫

効　用

ダブルヒールロックで強力に支持する。

使用するもの

3.8cm幅テープ

施術方法

1. 下肢の内側を始点とする。外側に向かって斜めにテープを引き下ろし、踵の後ろ、踵の下の順に通して、外側へ引っ張り上げる（図6.38）。
2. 続けて、足部の背面、内踝の上、踵の後ろの順に回す（図6.39）。
3. 続いて、踵の下を通して、内側へ引っ張り上げる（図6.40）。
4. 足部の前面を通し、外側の高い位置で終える（図6.41）。

足関節と下肢

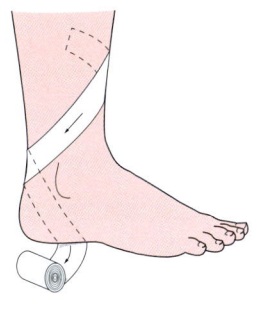

chapter 6

図 6.38

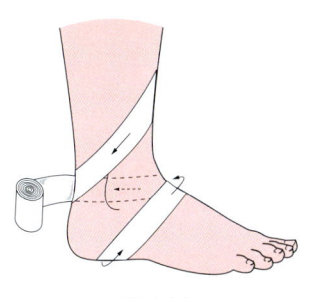

図 6.39

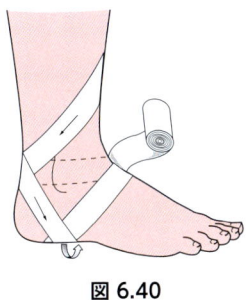

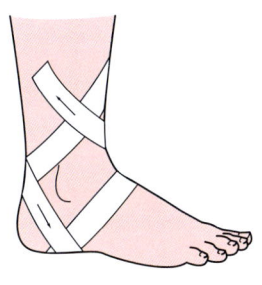

図 6.40

図 6.41

役に立つコツ
初心者には、2枚のシングルヒールロックを貼る方が簡単である。1枚目は内側を、2枚目は外側を始点とする。

テーピングテクニック

踵骨の動きの抑制

G. ラペンスキー

適 応

足関節内反捻挫後の距骨下の動きに関する問題
- 足根洞痛
- アキレス腱の関連痛
- 反射性の腓骨の弱化

効 用

踵骨の過剰な可動域を制限することで、距骨下関節を中間位に維持する。

使用するもの

テープ粘着剤、2.5cm幅伸縮性テープ

患者の姿勢

患者を背臥位にする。

施術方法

1. 踵骨を望ましい位置にする。
2. 過度の内反動作を避けるには以下のようにする。伸縮性テープを30cmの長さに切り、踵骨の内側にテープの真ん中の部分を置く。テープの端を足部のアーチの下で中足骨頭の近くに持って行き、足部の外側に持ち上げ、足部の背面へと回して、下肢の周りに巻いて終える。テープのもう一方の端は、踵骨の後ろから、外踝上を前方に通し、下肢の周りに巻いて終える(図6.42、6.43)。
3. ステップ2を繰り返す(図6.44)。

確認事項

患者が走っている時に(後ろから見て)踵骨が安定しているか?

足関節と下肢

chapter 6

図 6.42

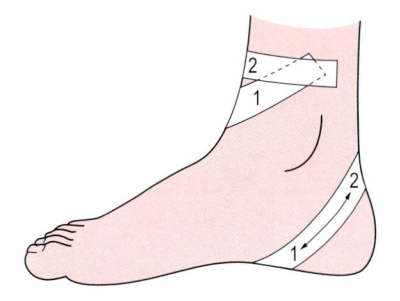

図 6.43

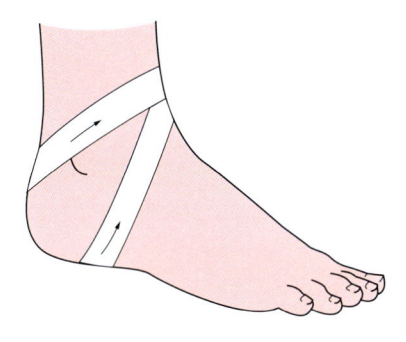

図 6.44

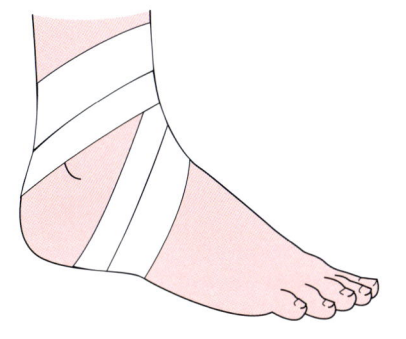

役に立つコツ
過度の外反を避けるには、上述とは逆に踵骨の外側から始める。
時には、ヒールパッドが有効である(シリアックス)。

95

テーピングテクニック

脛腓関節

W. A. ヒン、D. A. リード

適 応

一般には体重支持および歩行時、特に階段やスロープを降りる時の膝の後外側痛。膝下の外側縁から足部にかけて痛みの残る患者。MWMが無痛で成功している先述の症状に注意する

効 用

脛骨の前方に腓骨頭を整復する。また、場合によっては、痛みの原因である神経（例えば、総腓骨神経）にかかる圧力を変化させる。

使用するもの

粘着スプレーまたは低刺激性アンダーテープ（フィクソムールかメフィックス）、3.8cmストラップテープ、カミソリ

患者の姿勢

患者を立たせ、椅子に足を乗せて患部の膝を曲げさせる。

施術方法

1. 腓骨頭の上にテープを貼る。
2. 腓骨頭にMWMを施し維持する（図6.45）。
3. 前方向に、脛骨の前部を横切ってテープを巻く。
4. 脛骨の内側でテープを終える（図6.46）。

確認事項

膝の全可動域を確保し、テープが腓腹筋を締め付けていないことを確認する。もともと痛みのあった動き（膝の伸展、ステップを降りる）を評価する。可動域全体で痛みがなく、機能すればよい。

禁 忌

テーピングによって変化や痛みの増加が起きる場合。また、テープは48時間以上貼ったままにしてはならない。皮膚のかぶれの兆候が出た場合には、いつでも取り除くこと。

足関節と下肢

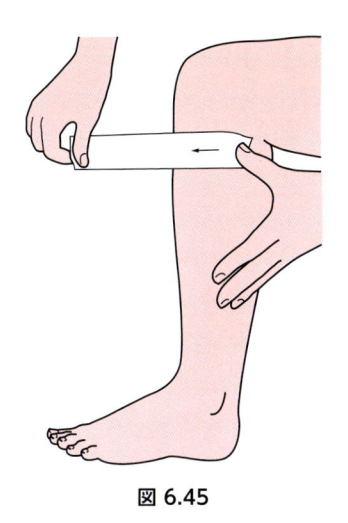

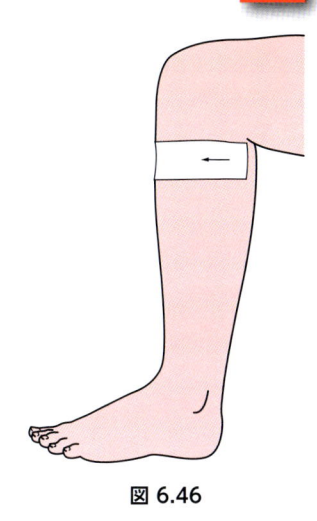

chapter 6

図 6.45

図 6.46

役に立つコツ
患者を正しい姿勢にすれば簡単に貼ることができるので、患者にテーピングの仕方を教えてもよい。これで、夜にテープを外して朝にもう一度テーピングすることができ、皮膚の拒絶反応のリスクを軽減できる。

テーピングテクニック

内側脛骨ストレス症候群(MTSS)および抗回内テーピング

D. モリシー

適 応

このテクニックは、リハビリテーションやスポーツ活動中の症状軽減のために、単独で、またはロー・ダイ・テーピング、抗回内インソール、筋肉の再訓練などの他の抗回内手法と併せて用いるものである

効 用

症状および回内の軽減を目的とする。

使用するもの

5cm幅メフィックス／ハイパーフィックス、4cm幅酸化亜鉛テープ、伸縮性粘着包帯

患者の姿勢

足関節を底屈させ、脚筋を弛緩させて、少し高い面に足部を置いて、立たせるか座らせる。

施術方法

1. メフィックスを引っ張らずに、すねの下部の前内側に張り、外側上方へらせん状に巻き上げ下肢の後方を回して、膝関節の直下の前面で終える。
2. 酸化亜鉛テープのストリップを2、3枚、テープの幅の3分の1を互いに重ねるようにして、メフィックスの上に貼る。足部の長屈筋(長母趾屈筋、長趾屈筋、および特に後脛骨筋)を、脛骨の内側縁に向かって引っ張るために用いる。最小限の張力で貼っておくと、体重を掛けたときに効果的にきつく締まる(図6.47)。
3. らせん状に巻いたテープの近位端と遠位端に、伸縮性粘着包帯でアンカーテープとロックストリップを貼る(図6.48)。

確認事項

歩行が妨げられていないか確かめること。

足関節と下肢

chapter 6

禁　忌

アレルギー反応、開放創がある場合、多毛の場合。

患者への指示

皮膚が赤くなったり、かゆくなったりしない限り、テープは最大12時間貼っておいてよい。

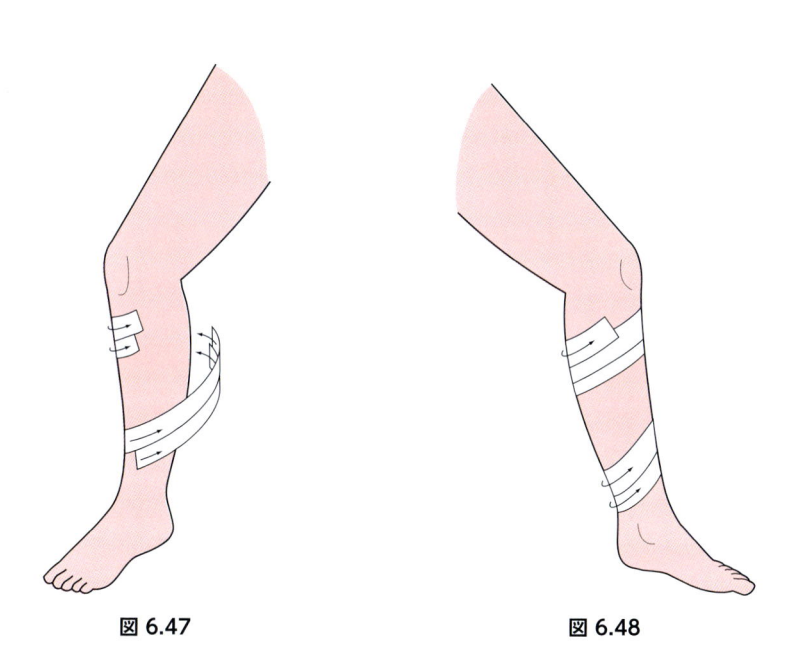

図 6.47　　　　　　　　図 6.48

役に立つコツ
テーピングをする少なくとも24時間前に下肢の剃毛をしておく。

99

chapter 7
第7章

膝

膝蓋腱症 ……………………… 102
脂肪体の負荷の軽減 …………… 104
膝サポート――
　クリスタルパレス・ラップ …… 106
外側側副靭帯の捻挫 …………… 108
前十字テーピング ……………… 110
膝の連続フィギュアエイトラップ …… 112
外側広筋の抑制 ………………… 114

テーピングテクニック

膝蓋腱症

W. A. ヒン、D. A. リード

適 応

膝蓋腱症、腱または脂肪体の負荷軽減、また、オスグッド・シュラッター病の痛みの管理にも有効

効 用

腱の負荷を軽減し、腱または付着部の痛みを軽減する。

使用するもの

粘着スプレーまたは低刺激性アンダーテープ（フィクソムールかメフィックス）、3.8cm幅ストラップテープ

患者の姿勢

膝を完全に伸展させて座らせる。

施術方法

1. 膝蓋上端のすぐ上で大腿部にアンカーストラップを貼る。
2. 1枚のストリップを、膝の内側でアンカーにつける。テープを外側に向かって斜め下に引っ張り、テープの上縁が膝蓋骨下極のすぐ下を通るようにする。
3. 外側から内側に向かっても同様に繰り返し、膝蓋骨下極のすぐ下の正中線上で交差させ、その交差のV字でクロスオーバー効果をもたらすようにする。
4. このプロセスを繰り返して、テープを2重または3重まで重ねる。
5. はじめに貼ったアンカーの上を覆ってロックオフアンカーを施して仕上げる。

確認事項

患者が立っている状態で膝を曲げようとした時に、膝小僧のすぐ下の腱に圧力を感じさせるほどの十分な張力をかけるべきである。

膝

chapter 7

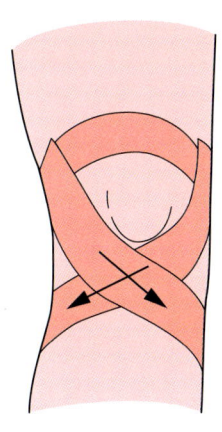

図 7.1

> **役に立つコツ**
> テープに対する皮膚の拒絶反応を防止するために、ミランタ（これは、胃の制酸剤だが、テープの酸性を中和する――エクストラストロングを使用）を皮膚に塗布する。ミランタが乾くと表面に浮いてくる粉は、テーピングする前に払い落としておくこと。

テーピングテクニック

脂肪体の負荷の軽減

J. マコーネル

適 応
膝蓋大腿部下側の痛み、膝の過伸展、脂肪体の炎症、膝関節鏡視下手術後

効 用
脂肪体の炎症を軽減する。

使用するもの
低刺激性テープ（エンデュラフィックス／フィクソムール／ハイパーフィックス／メフィックス）、3.8cm幅テープ

患者の姿勢
下肢を弛緩させて寝かせる。

施術方法
テーピングする領域に低刺激性テープを貼る。
1. 膝蓋骨の上部を始点として、膝蓋骨を傾けて下極を脂肪体から持ち上げる（図7.2）。
2. 次のテープは、脛骨の結節を始点として、膝関節の内側へ出す。軟部組織を膝蓋骨に向かって持ち上げる（図7.3）。
3. 最後のテープは、脛骨の結節を始点として、外側関節線へ出す。

確認事項
痛みのあった活動を確認する。テーピングが適切に施されていれば、痛みがなくなっているはずである。

禁 忌
皮膚のアレルギーの場合は、テーピングに先立って皮膚を保護しなければならない。

膝　　　　　　　　　　　　　　　　　chapter 7

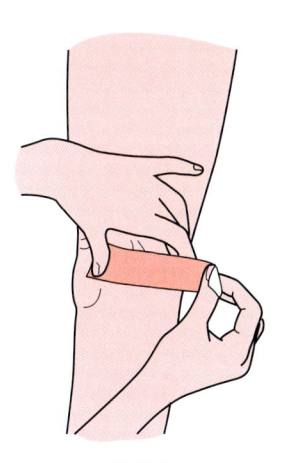

図 7.2

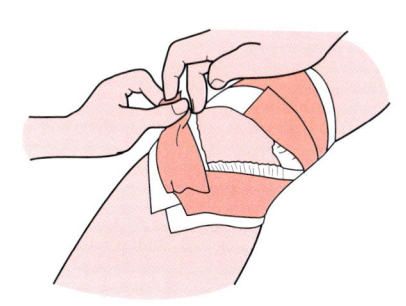

図 7.3

役に立つコツ
皮膚は、ミカンの皮のように見えるはずだ。
患者に、膝の過伸展をさせないようにすべきである。

105

テーピングテクニック

膝サポート―クリスタルパレス・ラップ

R. マクドナルド

適 応

膝蓋骨裏側の痛み、ジャンパー膝、オスグッド・シュラッター病

効 用

膝蓋骨から大腿骨にかかる圧力を軽減する。脛骨の小結節にかかるストレスを軽減する。

使用するもの

角型ガーゼ、ワセリン、5cm幅または7.5cm幅伸縮テープ、3.75cm幅テープ

患者の姿勢

患者を立たせた状態で、膝を弛緩させ、若干屈曲させる。

施術方法

伸縮性テープを約50cmの長さのストリップに切り、中央にガーゼを置く。

サポートストリップ

1. 膝窩に角型ガーゼをあてつつ膝の裏側にテープを貼り付ける。大腿骨顆部にテープを貼る(図7.4)。
2. 外側のストリップの先端を2つに裂く。一方の先端を引っ張ってねじり、膝蓋骨下極と脛骨小結節の間の柔らかい部分で膝蓋腱を越えるようにして、内顆につける(図7.5)。もう一方の先端についても同様にする。
3. ねじった2つの先端を覆うように内側のストリップを引っ張って、外顆に貼り付ける(図7.6)。

ロックストリップ

4. テープストリップで閉じる(図7.7)。

確認事項

患者にスクワットをさせる。膝窩がきついか?

膝   chapter 7

禁　忌

膝の回転による機能障害の患者には適さない。

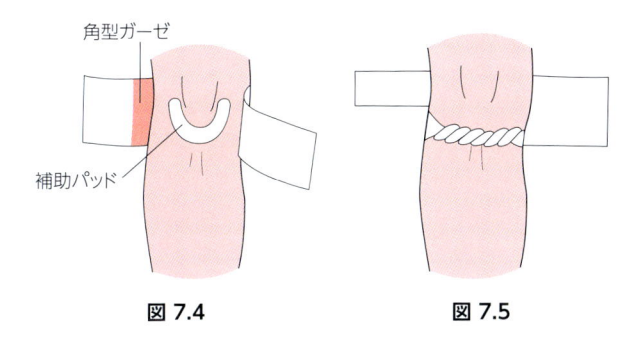

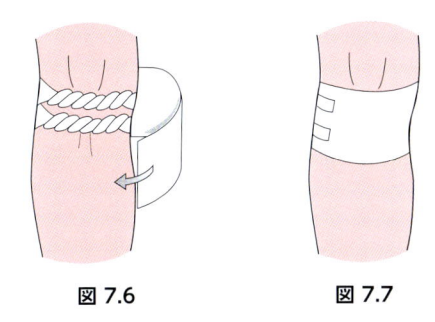

角型ガーゼ

補助パッド

図 7.4　　　　　図 7.5

図 7.6　　　　　図 7.7

役に立つコツ
皮膚に直接貼るのが最適である。皮膚を剃毛、洗浄、乾燥させておく。皮膚が強ければテーピングの前にスキンプレップを塗っておく。

テーピングテクニック

外側側副靱帯の捻挫

O. ルイヨン

効 用
基本的な外側の安定性を膝に提供する。

使用するもの
潤滑剤、角型ガーゼ、粘着スプレー、6cm伸縮性テープ2巻、15cm伸縮性テープ、3.8cmテープ

患者の姿勢
患者を立たせ、踵の下にテープのロールを置いて膝を15°だけ屈曲させる。下肢を外側に広げる。膝窩に潤滑剤を含ませたガーゼをあてる。粘着スプレーをスプレーし、プロラップを巻く。

施術方法
1. 6cm幅伸縮性テープで、アンカーを2枚、大腿部の下から3分の1の高さに巻き、脛骨小結節にアンカーを1枚巻く。
2. 6cm幅伸縮性テープで、近位のアンカーの前内側から、遠位のアンカーの後内側に向かって、斜めにストリップを貼る。
3. 内側の関節線の中心で1枚目のストリップと交わるように、2枚目のストリップを対称に貼る（図7.9）。
4. 同様の手順でさらに2枚のストリップを貼るが、この時、前のストリップから前方にずらして半分だけ重ねるようにする（図7.10）。
5. 外側の膝関節にも同様の手順を繰り返す。
6. 3.8cm幅テープのストリップを6枚用いて、膝関節の内側面と外側面に張力をかけつつ、前のストリップの上に重ねて対称に組み合わせて貼っていく（図7.11）。
7. テープの不完全な円の場所に、テープを固定する（図7.12）。
8. 膝窩を保護するために、15cm幅伸縮性テープストリップの両端に切り込みを入れて先端を2つずつにする。潤滑剤を含ませた角型ガーゼを中心に置く。膝蓋骨の上極の上方と下極の下方にそれぞれ先端を貼り付ける（図7.13）。
9. 最初のアンカーの位置にもう一度6cm幅伸縮性テープを貼って仕上げる。図7.14aは、図7.8および7.12の肢位を、図7.14bは、図7.9の肢位を示している。

注 意
膝蓋骨下極が脂肪体にぶつからないようにする。

膝 chapter 7

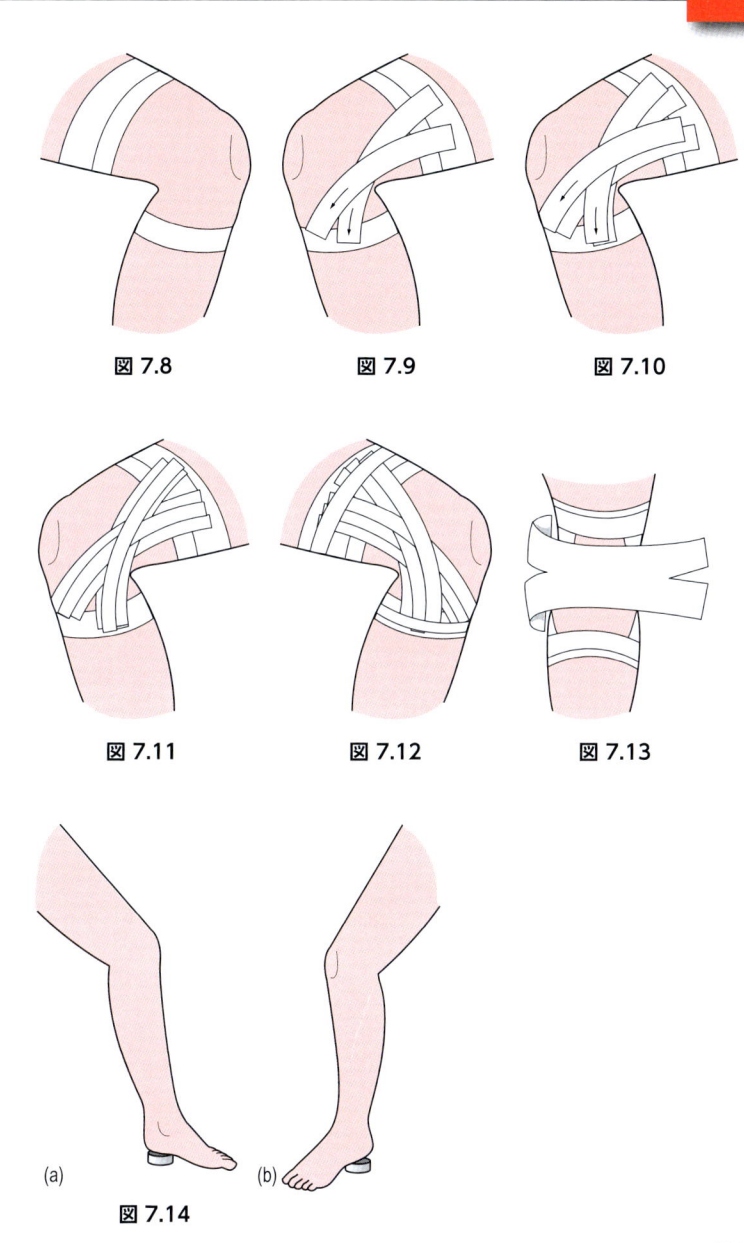

図 7.8　　　　図 7.9　　　　図 7.10

図 7.11　　　図 7.12　　　図 7.13

(a)　(b)
図 7.14

109

テーピングテクニック

前十字テーピング

K. E. ライト

適 応
膝の前十字靱帯の捻挫

効 用
膝の前十字靱帯を支持し、安定化する。

使用するもの
3.8cm幅粘着テープ、7.5cm幅エラスティックテープ、潤滑剤を含ませたガーゼ

患者の姿勢
膝関節と股関節を若干屈曲させる。

施術方法
1. 膝関節の後面に、ガーゼと潤滑剤をあてる。大腿部の上から3分の1の場所に、7.5cm幅エラスティックテープでアンカーストリップを巻く。注意：この準備の手順において、膝窩を圧迫しないこと。
2. 7.5cm幅エラスティックテープで、下肢の外側面、膝蓋骨の下方約2.5cmを始点とする。前面、内側面、後面、そして外側面に戻るように、下肢を一回りさせる。次に、膝蓋骨の下でテープを斜めにして、内側の関節線と膝窩を越え、大腿部のアンカーの前面までらせん状に巻き上げる（図7.16）。
3. 7.5cm幅エラスティックテープでの次のストリップは、近位のアンカーの前面を始点とし（図7.17）、大腿部の内側部を通って、膝窩を覆い、膝下を一周させた後にもう一度膝窩を通過させる。大腿部の近位のアンカーの前面までらせん状に巻き上げて終える（図7.18）。
4. ステップ3を繰り返す。
5. 大腿部のアンカーの上に3.8cm幅粘着テープを貼って、固定する（図7.19）。

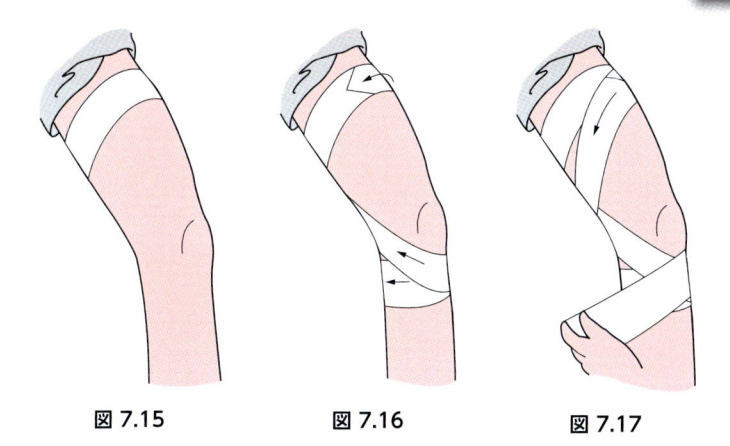

膝 chapter 7

図 7.15

図 7.16

図 7.17

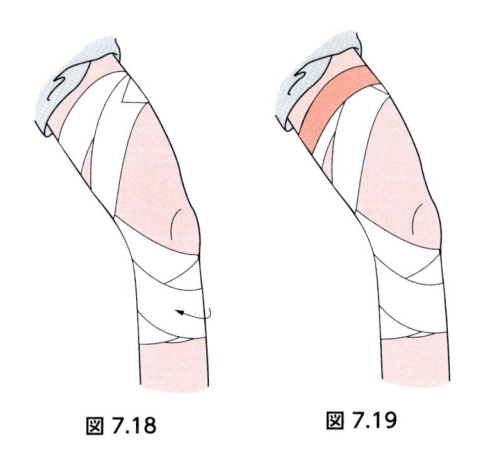

図 7.18

図 7.19

111

テーピングテクニック

膝の連続フィギュアエイトラップ

K. E. ライト

適 応
膝関節の捻挫

効 用
膝関節を支持する。

使用するもの
10cm幅エラスティックテープ、3.8cm幅粘着テープ

患者の姿勢
膝関節を若干屈曲させる。

施術方法
1. 膝下の外側面／後面を始点としてのラップを巻き始める。内側から外側へ、下肢を一周させる。
2. 膝の下でラップを斜めに上げて、内側の関節線を横切るようにする（図7.20）。大腿部の後面および外側面を覆う。内側から外側へ大腿部を一周させる（図7.21）。膝蓋骨の上方からラップを下向きにして、内側の関節線を横切るようにする（図7.22）。膝下を一周させて、斜め上向きに膝窩を横切る（図7.23）。
3. ラップを進め、外側の関節線を横切って、膝の上方を斜めに巻き上げる（図7.24）。大腿部を巻いて、後面から斜めに巻き下げ膝の外側の関節線を通して、膝蓋の下に留める（図7.25）。このテーピングでは、膝の周りが菱形になり、大腿部の中央から腓腹筋筋腹までを覆っていればよい。ラップの端部に2.5cm幅粘着テープを貼って固定する。

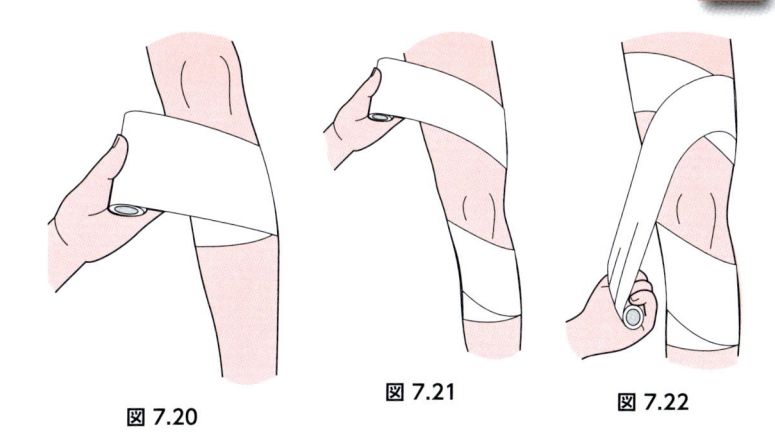

膝

chapter 7

図 7.20

図 7.21

図 7.22

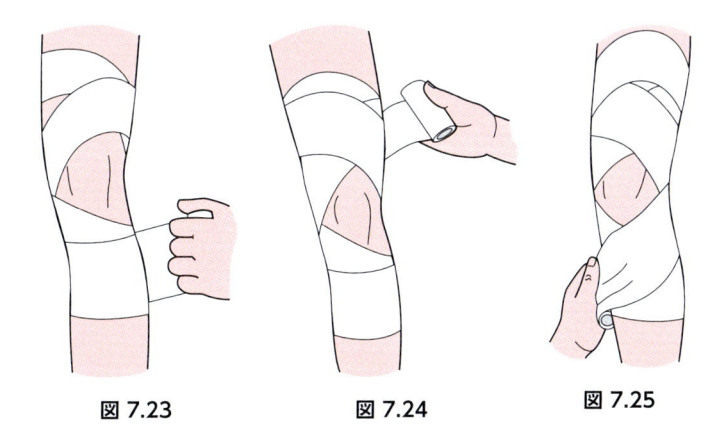

図 7.23

図 7.24

図 7.25

113

テーピングテクニック

外側広筋の抑制

U. マッカーシー・ペルソン

適 応

内側広筋斜頭に関連した外側広筋（VL）の活動亢進による膝蓋大腿部痛。このテクニックは、VL活動を抑制することが望ましい他の疾患にも有効である

効 用

テープにより、体重支持中のVLの筋活動を抑制でき、大腿四頭筋機能のバランスを回復させ、膝蓋大腿部痛を軽減することが可能である。

使用するもの

3.8cm幅リジッドテープ、5cm幅フィクソムールまたはハイパーフィックス低刺激性テープ

患者の姿勢

膝の間に枕をはさんで横臥位になり、膝を30°の角度に屈曲させる。

施術方法

1. 弾力性のある低刺激性テープを2枚、大腿部の中央点に張力をかけずに張り、大腿直筋から腸脛靱帯の正中線まで外側にのばす。
2. 酸化亜鉛のリジッドテープを全部で3枚、近位から遠位に向かって、3分の1ずつ重ねて貼り付ける。
3. それら3枚のテープは、低刺激性テープの上に、前面から外側を通って後面に向けて引っ張りながら貼る。大腿部外側の組織をもう一方の手で寄せつつ、基準線の間のVLの上に親指で下向きの圧力をかけて、皮膚に深いしわを作る（図7.26）。
4. テープにかける張力を標準化することにより、施術者の親指の幅と同じ高さで、親指の前後で"スキンロール"を起こすことができる。

膝　chapter 7

確認事項

活発な動き、痛み、筋機能を評価する。正確に施すと、テープは、とてもきつく感じるはずである。

禁　忌

リジッドテープが低刺激性テープからはみ出ないようにして、皮膚のかぶれを防止すること。

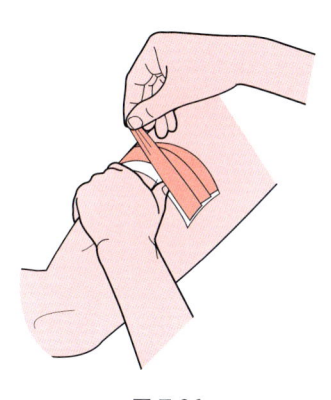

図 7.26

chapter 8 第8章

腰 椎

腰椎テーピング…………………………118
骨盤前面の安定性……………………120
仙腸関節…………………………………122
慢性の腰痛および下肢痛……………124

テーピングテクニック

腰椎テーピング

W. A. ヒン、D. A. リード

適 応

腰の機能障害と痛み。痛みのある腰椎屈曲や腰部姿勢の回避。マリガンの腰椎持続的椎間間接自然滑走法（SNAGs）またはマッケンジー伸展の後の施術

効 用

腰椎前弯を中間位ないし伸展した位置に維持する。痛みを引き起こす姿勢を避け、伸展した姿勢の維持を助ける。

使用するもの

粘着スプレーまたは低刺激性アンダーテープ（フィクソムールかメフィックス）、3.8cm幅または5cm幅ストラップテープ

患者の姿勢

患者をうつぶせにするか、もしくは、座位または立位でテーピングしてもよい。テーピング中に、患者が、弛緩して痛みのない伸展した腰の姿勢（腰椎前弯）を取ることのできる必要がある。

施術方法

1. 腰の湾曲を維持して、脊柱を中間位ないし若干伸展した位置にする。
2. テーピングする領域の上部と下部にアンカーストリップを貼る。
3. 上部のアンカーから下部のアンカーまで腰の領域を横切るように、X字にテープを貼り、Xの中心が、L2-3領域に重なるようにする（図8.1）。前のストリップに半分重ねるようにして、このX字をさらに2回描く。
4. X字の上部と下部を、もう一度アンカーで固定する。

確認事項

もともと痛みのあった動き（つまり、屈曲、前に手を伸ばす）を評価する。動いても痛みがなく、可動域の端での動きが制限されていればよい。

腰 椎 chapter 8

禁 忌

テープに対する皮膚の反応を確認し、皮膚の拒絶反応が起きた場合には外すように患者に伝える。テープは、48時間以上貼ったままにすべきではない。

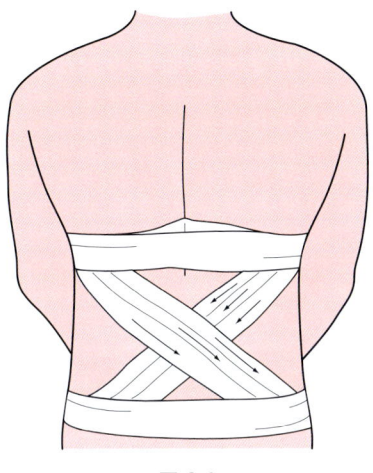

図 8.1

役に立つコツ
患者を正しい姿勢にすれば簡単に貼ることができるので、家族にテーピングの仕方を教えてもよい。そうすれば、夜にテープを外して朝にもう一度テーピングすることができ、皮膚の拒絶反応のリスクを軽減できる。

骨盤前面の安定性

A. ヒューズ

適 応

外側水平方向への過度の骨盤のずれで悪化する症状、転子滑液包炎、梨状筋症候群、仙腸関節(SIJ)の不安定性、腸脛靭帯(ITB)炎症候群またはランナー膝、膝蓋大腿部痛

効 用

外側水平方向への過度の骨盤のずれ(トレンデレンブルグ徴候)を抑制し、大腿部の外旋を促進して、立脚期の大腿部大転子の外側および後方への転移を制限する。

使用するもの

3.8cm幅リジッドテープ、5cm幅フィクソムールまたはハイパーフィックス低刺激性テープ

患者の姿勢

やや足を開いて、20°外旋させて立たせる。両手を肩の上で交差させ、テーピングする側から離すように胸椎を回転させる。

施術方法

以下の手順に従って、リジッドテープと同じ順序で低刺激性テープを貼る。

1. 大腿部の下から3分の1の前内側面からリジッドテープを巻き上げ、上外側に向けて大転子の後ろを通し、SIJを越え、下部腰椎を挟んで反対側で終える(図8.2)。
2. 後外側面を通す時に、施術者のもう一方の手で皮膚にしわを作って、張力を強くする。これは、軟部組織をつまんで、テープを貼るのと反対の方向に引っ張る(図8.3、8.4)。
3. テープの両端に、フィクソムールで2枚のロックテープを貼る(図8.5)。

確認事項

患者に片足立ちをさせる。このテクニックで、トレンデレンブルグ徴候が改善されているはずである。

腰 椎

chapter 8

禁 忌

リジッドテープが低刺激性テープからはみ出ないようにして、皮膚のかぶれを防止すること。年長の患者にはリジッドテープを用いないこと。

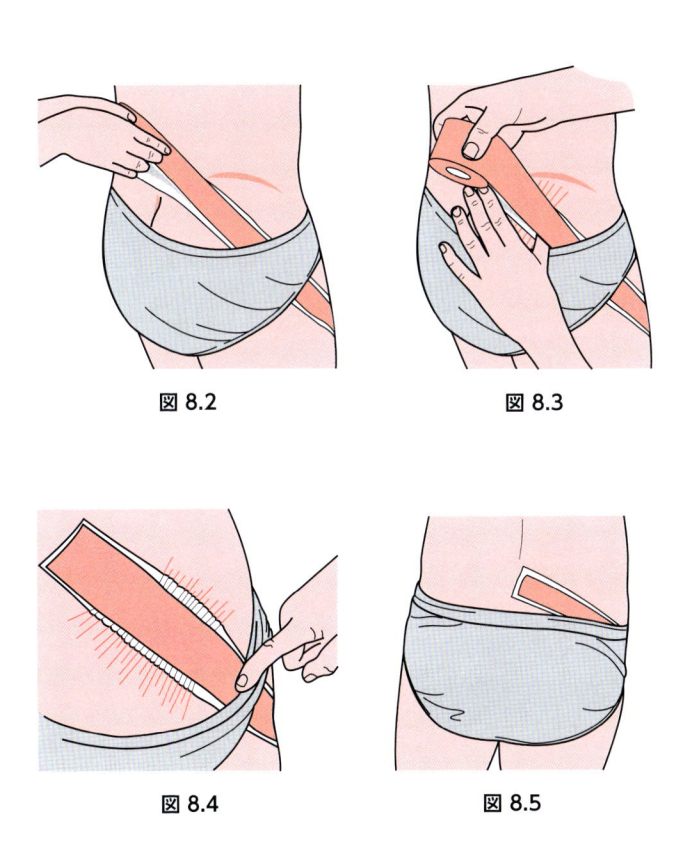

図 8.2

図 8.3

図 8.4

図 8.5

テーピングテクニック

仙腸関節

W. A. ヒン、D. A. リード

適 応

体重支持および歩行時の痛み。マリガン運動併用モビリゼーション（MWM）に反応する診断済みのSIJ機能障害。椎間板痛のような下肢の痛みを訴えるが、下肢伸展挙上（SLR）が正常な場合。また、能動的下肢伸展挙上テスト（ヴリーミング）が陽性の場合

効 用

仙骨に対して腸骨を正しい位置に保持することで、位置ずれを矯正する。一般的に、2つの位置ずれがある。（1）前方寛骨：仙骨に対して腸骨が後方にずれる、（2）後方寛骨：仙骨に対して腸骨が前方にずれる。

使用するもの

粘着スプレーまたは低刺激性アンダーテープ（フィクソムールかメフィックス）、3.8cmストラップテープ

患者の姿勢

前方寛骨のテーピングの場合には、患者をうつぶせにする。

施術方法

前方寛骨のテーピング――うつぶせでマッケンジー伸展で痛みがある（図8.6）。
1. 上前腸骨棘の前を始点としてテーピングを始める。テープを斜め上方に貼っていき、腰椎を越えて終える（図8.7）。
2. 2枚目のテープで固定する（図8.8）。

確認事項

もともと痛みのあった動き（つまり、うつぶせでの伸展、立位での伸展、立位での屈曲）を評価する。可動域全体で痛みがなく機能すればよい。

禁 忌

テーピングによって変化や痛みの増加が起きた場合。テープは、48時間以上貼ったままにすべきではない。皮膚のかぶれの兆候があった場合にはいつでも取り除くこと。

腰 椎　　　　　　　　　　　　　　　chapter 8

図 8.6

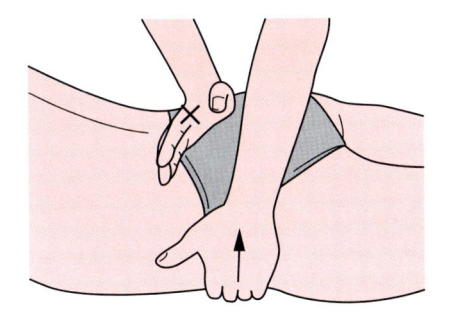

図 8.7

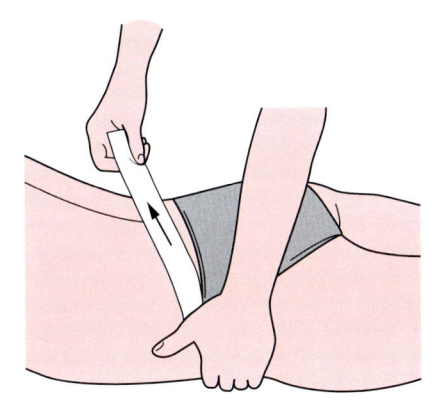

図 8.8

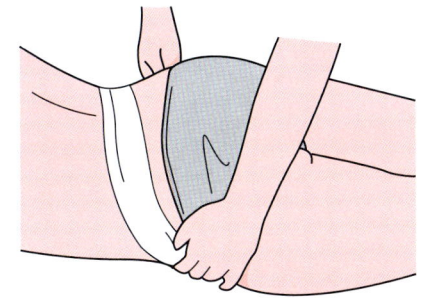

役に立つコツ
患者の歩行時に痛みがある場合、患者の後ろを歩いてみること。MWMを手で施して、腸骨を後方に滑らせる。これが成功すれば、テーピングでよい結果がでるはずだ。

テーピングテクニック

慢性の腰痛および下肢痛

J. マコーネル

適 応

神経根刺激

効 用

神経および筋膜組織の炎症の緩和。

使用するもの

低刺激性テープ（エンデュラフィックス／フィクソムール／ハイパーフィックス／メフィックス）、3.8cm幅テープ

患者の姿勢

立位にする。

施術方法

テーピングする領域に低刺激性テープを貼る。

1. 坐骨で最初のテープを固定し、臀溝に沿って大転子の近位まで貼り付けて、近位方向に軟部組織を持ち上げる（図8.9）。
2. 2枚目のテープを、臀部に向かって皮膚を持ち上げるように、臀裂に平行に貼る。1枚目と2枚目のテープをつなぐように、3枚目のテープを外側から内側に向かって貼る（図8.10）。
3. 次に、適切な神経根に沿って斜めに、まずは、膝上、続いて膝下に、皮膚を頭の方へ持ち上げながらテープを貼る（図8.11）。

確認事項

痛みのある活動を確認する。テーピングが適切に施されていれば、痛みがなくなっているはずである。

禁 忌

皮膚のアレルギーの場合は、テーピングの前に皮膚を保護しなければならない。

腰 椎　　　　　　　　　　　　　　　　　　　chapter 8

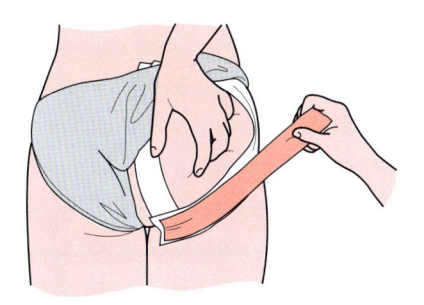

図 8.9

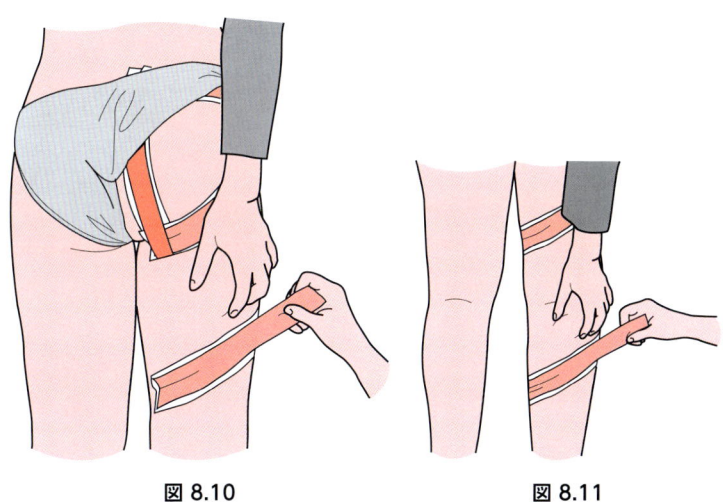

図 8.10　　　　　　　　　図 8.11

役に立つコツ
症状は、遠位で若干強くなることがあるが、遠位のテープを本の位置にすれば直ぐに症状は軽減する。

chapter 9 第9章

胸椎

胸椎テーピング ……………………… 128
胸椎の負荷の軽減 …………………… 130
翼状肩甲 ……………………………… 132
肩甲骨の調整──
　ワトソンストラップ …………… 134
肩甲骨内転 …………………………… 136
前鋸筋テーピング …………………… 138

テーピングテクニック

胸椎テーピング

W. A. ヒン、D. A. リード

適 応

胸部の痛み、姿勢矯正胸部の痛み、姿勢矯正。最終可動域までの頸部の回転または首の収縮と関連した首の痛み。頸胸または胸椎へのマリガン持続的椎間間接自然滑走法の後に施術

効 用

胸郭の姿勢を中間位ないし収縮位に維持し、痛みを引き起こす姿勢を回避する。肩帯をより収縮した位置に保持することで、特定の首の動き(最終可動域までの頸部回転または収縮)をする時の痛みを軽減する。

使用するもの

粘着スプレーまたは低刺激性アンダーテープ(フィクソムールかメフィックス)、3.8cm幅または5cm幅ストラップテープ

患者の姿勢

肩を収縮させて患者を座位にする。

施術方法

1. 患者の肩甲骨を横切って水平なストリップを貼り、肩甲骨を中間可動域の内転位置にする(図9.1)。
2. テープは、肩甲棘の直下に、各肩甲骨の外側縁から外側縁まで貼り付ける。
3. 2枚目のテープを1枚目のテープに重ねて貼る。

確認事項

もともと痛みのあった動き(つまり、頸部の回転または腕を広げる機能と能力)を評価する。可動域全体で痛みがなく機能すればよい。

禁 忌

テーピングによって変化や痛みの増加が起きた場合。テープは、48時間以上貼ったままにすべきではない。皮膚のかぶれの兆候があった場合にはいつでも取り除くこと。テープへの反応の可能性がある場合、フィクソムールなどの低刺激性のアンダーテープを用いること。

胸 椎

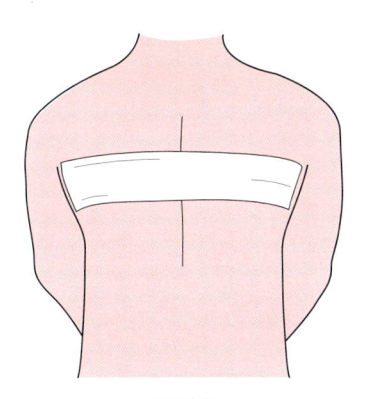

chapter 9

図 9.1

> **役に立つコツ**
> 患者を正しい姿勢にすれば簡単に貼ることができるので、家族にテーピングの仕方を教えてもよい。これで、夜にテープを外して朝にもう一度テーピングすることができ、皮膚の拒絶反応のリスクを軽減できる。

テーピングテクニック

胸椎の負荷の軽減

D. ニーショー

適 応

胸部小関節面の捻挫。胸部傍脊柱筋群の使いすぎ

効 用

特定の椎骨を支持し、その椎骨の高さでの筋活動を緩和する。

使用するもの

低刺激性テープ（フィクソムールかメフィックス）、4cm幅リジッドストラップテープ

患者の姿勢

肩甲骨を中間位にする。

施術方法

1. 低刺激性テープを用いて、問題となっている椎骨とその上下1つずつを取り囲む小さい正方形を形づくる。
2. リジッドテープの片方の端を正方形の頂点に貼り付け、組織を縮めながら隣の頂点に貼り付けることにより、皮膚にしわを寄せる効果を作る（図9.2）。
3. この手順を正方形の各辺に対して繰り返す。

禁 忌

皮膚が過敏になったことのある患者。

胸 椎

chapter 9

"しわを寄せた"皮膚の様子

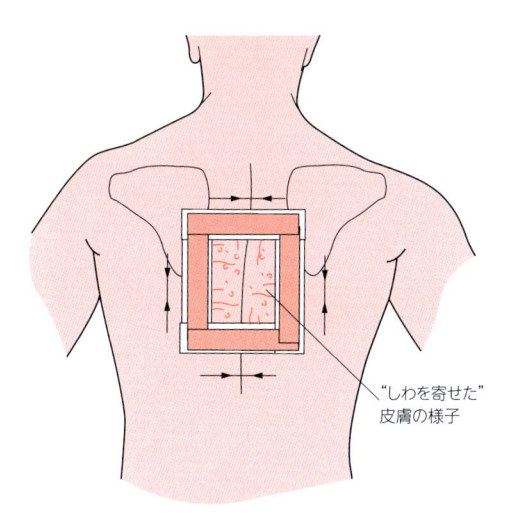

図 9.2

役に立つコツ
正方形の中央の露出した皮膚は、ミカンの皮のように見えるはずである。
筋肉けいれんを伴う急性で痛みのある症状に有効である。

テーピングテクニック

翼状肩甲

D. ニーショー

適 応

肩甲骨の不安定性、インピジメント、腱炎

効 用

肩甲骨を中立姿勢に整復し、前鋸筋および下部僧帽筋が適切に活動するようにする。

使用するもの

低刺激性テープ（フィクソムールかメフィックス）、4cm幅リジッドストラップテープ

患者の姿勢

肩甲骨を寄せて下げる。

施術方法

1. 低刺激性テープで、一方の肩甲骨の内側縁（中央側）のすぐ外側からもう一方へ、3から4枚のストラップを部分的に重ねて貼り付ける。
2. 肩甲骨を寄せて下げた姿勢を補強するため、しっかりと圧力をかけて、低刺激性テープの上にリジッドテープを貼る。

確認事項

肩甲上腕の調子を評価する。肩甲骨の下角の下に人差し指を押し込んで浮き上がる程度を評価する——指骨1つが隠れるくらいならばよい。

禁 忌

皮膚が過敏になったことのある患者。

胸 椎

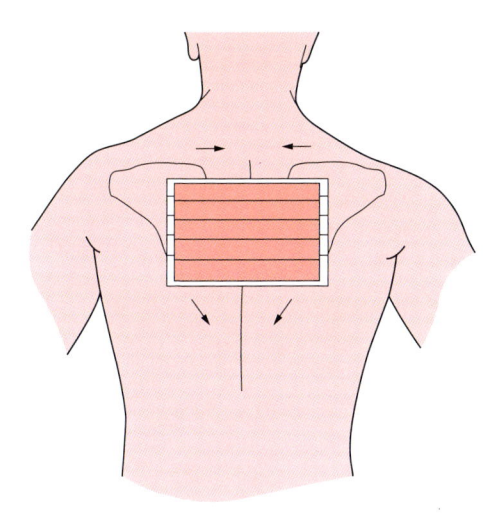

chapter 9

図 9.3

テーピングテクニック

肩甲骨の調整—ワトソンストラップ

D. ニーショー

適 応

肩甲骨のインピジメント、腱炎

効 用

肩甲骨を中間位に整復し、ひし形筋および僧帽筋が適切に活動するようにする。

使用するもの

低刺激性テープ（フィクソムールかメフィックス）、4cm幅リジッドストラップテープ

患者の姿勢

肩甲骨を中間位にする。

施術方法

1. 低刺激性テープを、腋窩から肩甲骨の下部3分の1を通して、反対側の肩甲骨の中点まで貼る。
2. リジッドテープを、腋窩を起点として圧力をかけずに貼ってゆき、肩甲骨の外側縁に到達したところで中断する。
3. ここで、施術者が片手を腋窩に添えて、肩甲骨に上内側方向の圧力をかけ、外側回転運動をもたらす（図9.4）。
4. 同時に、反対側の肩甲棘の中点までテープを貼り付ける。

確認事項

外転と前屈時の肩甲上腕の調子を評価する。痛みのレベルを以前と比較する。

禁 忌

皮膚が過敏になったことのある患者。

胸椎

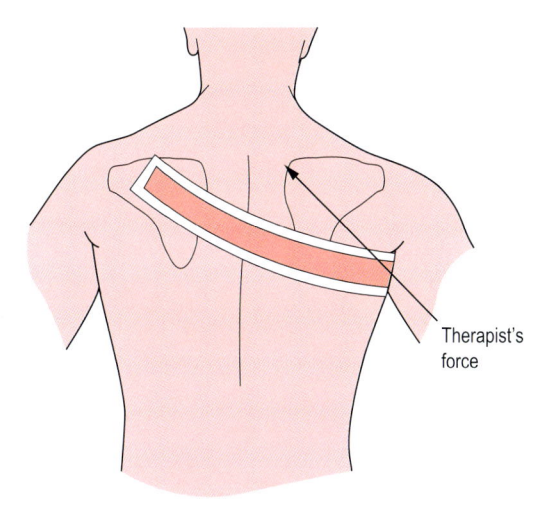

chapter 9

図 9.4

役に立つコツ
毛深い患者には、テーピングをする48時間前に、腋窩の剃毛をするよう言っておく。

テーピングテクニック

肩甲骨内転

D. ニーショー

適　応

肩甲骨の不安定性、インピジメント、腱炎

効　用

肩甲骨を中立姿勢に整復し、ひし形筋、僧帽筋下部または前鋸筋を収縮させる。

使用するもの

低刺激性テープ（フィクソムールかメフィックス）、4cm幅リジッドストラップテープ

患者の姿勢

肩甲骨を寄せて下げた位置に保つ。

施術方法

1. 低刺激性テープを、烏口突起から後方に、肩峰の外側を越えて、T7棘突起のちょうど外側の点に向かって貼る。
2. リジッドテープを、肩の後面に向かって圧力をかけずに低刺激性テープの上から貼り、最後に、内側に向かってしっかりと圧力をかけることで、肩甲骨を寄せて下げるようにする（図9.5）。

禁　忌

皮膚が過敏になったことのある患者。

胸 椎

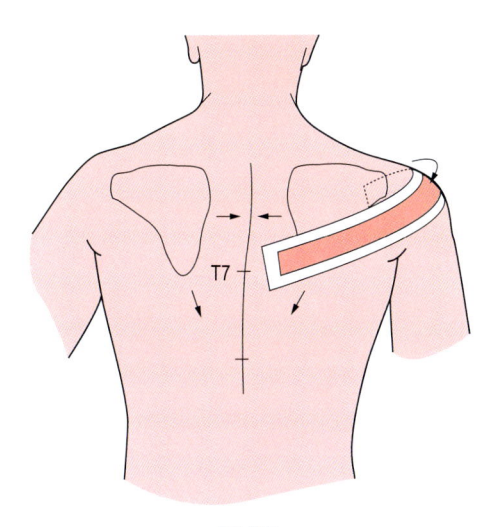

図 9.5

役に立つコツ
肩甲骨を寄せすぎたり下げすぎたりしないこと。

テーピングテクニック

前鋸筋テーピング

U. マッカーシー・ペルソン

適 応

肩甲骨運動障害または、肩の挙上時の肩甲骨の上下動の悪さ。肩甲骨下のインピジメントの原因となりうる肩甲骨の異常な回転

効 用

肩の挙上時に肩甲骨を上方回旋するように前鋸筋の運動を促す。

使用するもの

3.8cm幅リジッドテープ、5cm幅フィクソムールまたはハイパーフィックス低刺激性テープ

患者の姿勢

腕を弛緩させ中間位にした立位。

施術方法

1. 乳頭の下を起点にして、張力をかけずに低刺激性テープを胸壁から腋窩を通し肩甲骨の下角に重ねて貼り、正中線を越えずに脊柱の外側2cmのところで終える。
2. 乳頭の下からリジッドテープを低刺激性テープに貼る。胸壁の周りでテープを後方に引っ張る。肩甲骨の下角に親指を添えて、皮膚を外側前方に押しつつ、親指を越えてテープをしっかりと後方に引っ張る。テープにかけた張力によって、肩甲骨の下角のすぐ外側の皮膚に縦皺ができるはずである（図9.6）。

確認事項

活発な動き、痛み、筋機能の改善を評価する。テープは、正確に施せば、とてもきついがサポートされていると感じるはずである。

禁 忌

リジッドテープが低刺激性テープからはみ出ないようにして、皮膚のかぶれを防止すること。

胸 椎

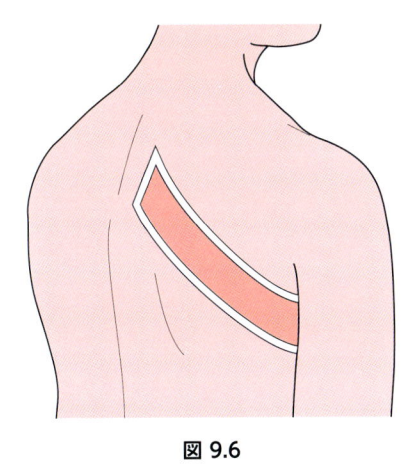

chapter 9

図 9.6

chapter 第10章

10 肩甲帯

肩のテーピングテクニック――
　はじめに……………………………142
肩甲帯挙上………………………………142
肩鎖関節の適合性………………………144
肩鎖関節亜脱臼…………………………146
肩鎖関節ストラップ……………………148
肩鎖関節テーピング……………………150
伸縮性テープを用いたスポーツの
　ための肩鎖関節テーピング……154
肩甲骨の上方回旋………………………158
上腕骨頭の整復…………………………160
多方向不安定症…………………………162
上部僧帽筋の抑制………………………164
肩甲骨の外旋……………………………166
肩甲骨の後傾……………………………168

テーピングテクニック

肩のテーピング技術――はじめに

D. モリシー

以下の肩のテーピングは、組み合わせて用いても、単独で用いてもよい。患者の症状に応じて、肩甲骨の上方回旋、外旋、後傾、および上部僧帽筋の抑制を、任意の組み合わせで施すことができる。肩鎖関節の適合のテーピング前には、鎖骨を下げるのに先立って肩峰が確実に挙上されるように、肩甲帯挙上または上方回旋を施さなければならない。

肩甲帯挙上

D. モリシー

適 応

安静時または運動時に、症状に関連にして肩甲骨が過度に下がること、または、肩鎖（AC）関節の非対称性

効 用

肩甲帯を挙上する。

使用するもの

4cm幅酸化亜鉛テープ、アンダーテープとして5cm幅メフィックス/ハイパーフィックス

患者の姿勢

肩甲帯を比較的挙上した位置に保ってテーピングする。

施術方法

張力をかけずに、最初にメフィックスを貼る（図10.1）。

1. 三角筋粗面のすぐ下の高さで、上腕の周囲の3分の2に、最初のアンカーストリップを貼る。
2. アンカーストリップの前腕側から首の後ろに向かってC7/T1の棘突起のすぐ外側までテーピングする。
3. アンカーの後腕側から首の前に向かって、個人の骨格に応じて、胸鎖乳突筋または首の角度のすぐ外側までテーピングする。

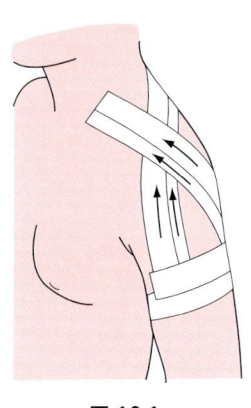

肩甲帯

chapter 10

図 10.1 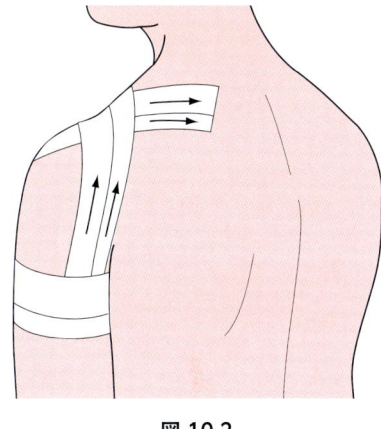　　　　　図 10.2

最低限の張力で、酸化亜鉛テープを貼る(図10.2)。
4. アンカーストリップの前腕側から首の後ろに向かって、C7/T1の棘突起のすぐ外側までテーピングする。引っ張る角度を変えてこれを繰り返してもよい。
5. アンカーストリップの後腕側から首の前に向かって胸鎖乳突筋のすぐ外側までテーピングする。引っ張る角度を変えてこれを繰り返してもよい。
6. 最後に、アンカーストリップの上に、ロックストリップを貼る。

確認事項

完全な動きが可能であり、テープによって首の前の部分が極度に圧迫されないことを確認する。

禁　忌

アレルギー反応、開放創がある場合。

患者への指示

皮膚に赤みやかゆみが出なければ、テープは最長3日間そのままにしておいてよい。長持ちさせるために、ヘアドライヤーで乾かして、過度にぬれた状態を避けること。再度テーピングするまでに、少なくとも1日は空けること。外す時は、ゆっくりと優しく外すこと。

テーピングテクニック

肩鎖関節の適合性

D. モリシー

適 応

このテクニックは、姿勢の要因または外傷によるAC関節の非対称がある場合に、挙上または上方回旋テーピングによって肩峰の挙上を十分に行った後に用いる

効 用

安静時および運動時のAC関節の適合性を改善する。

使用するもの

4cm幅酸化亜鉛テープ、アンダーテープとして5cm幅メフィックス/ハイパーフィックス

患者の姿勢

肩甲帯を受動的に挙上させた状態で座らせる。

施術方法

まず、別頁に記載の方法で、上方回旋または挙上テーピングを施す。それから、烏口突起のすぐ下の胸壁前面から鎖骨末端を越えて、AC関節線を覆わないで肩の上を通し、肩甲骨を越えて、T9/T10付近の肋骨角上にテープを貼る。このテープは、肩甲骨を越えて通さなければならない（図10.3）。

確認事項

完全な動きが可能であり、テープによって首の前の部分が極度に圧迫されないことを確認する。

禁 忌

アレルギー反応、開放創がある場合、手術が予定されている場合。

患者への指示

皮膚に赤みやかゆみが出なければ、テープは最長3日間そのままにしておいてよい。再度テーピングするまでに、少なくとも1日は、空けること。外す時は、ゆっくりと優しく外すこと。

肩甲帯

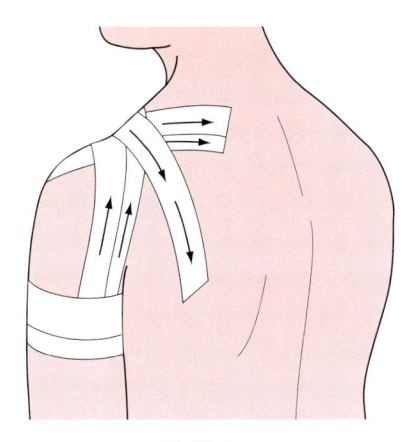

chapter 10

図 10.3

テーピングテクニック

肩鎖関節亜脱臼

W. A. ヒン、D. A. リード

適　応

AC複関節の破壊、グレード1および2

効　用

伸びた靱帯をある程度支持する。

使用するもの

粘着スプレーまたは低刺激性アンダーテープ（フィクソムールまたはメフィックス）、3.8cm幅ストラップテープ、3.8cm幅伸縮性粘着包帯（EAB）

患者の姿勢

手を腰に当てて座らせるか、腕を体側から約45°離すようにテーブルで肘を支えて座らせる。

施術方法

1. 胸の前から鎖骨の端を越えて肩甲骨まで、アンカーとして低刺激性テープ（フィクソムール）を貼る。
2. アンカーから腕の前方で下向きに、そして肘の周りを巻いて、腕の後方で上向きに肩甲骨のアンカーまで、テープを貼る（図10.4）。
3. 次に、同じようにEABを貼る。（粘着テープを用いてもよい。）
4. 二頭筋の場所で腕の周りにEABアンカーを貼る。血液循環を阻害するほど締めないこと（図10.5）。AC関節の上にアンカーをもう一度貼る。
5. この時点で、肘の周りのテープを切り取る（図10.6）。このテープを除去することで、腕が動かしやすくなる。最初にテープを貼っておく理由は、AC関節に十分な張力をかけて、関節を下げておくためである。けがをした時には、関節が持ち上がることが多い。

禁　忌

グレード3の障害は、おそらく整形外科での検査が必要だろう。

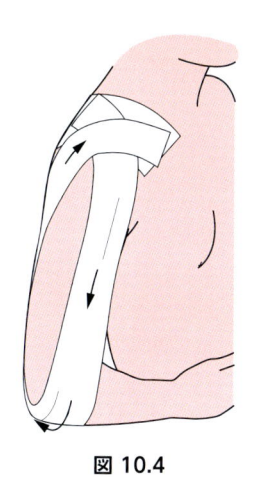

肩甲帯

chapter 10

図 10.4

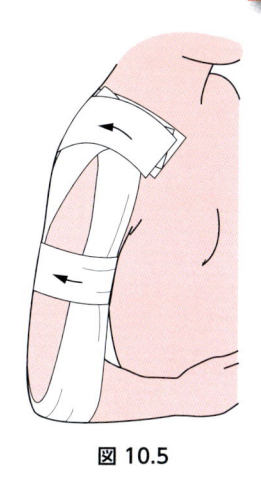

図 10.5

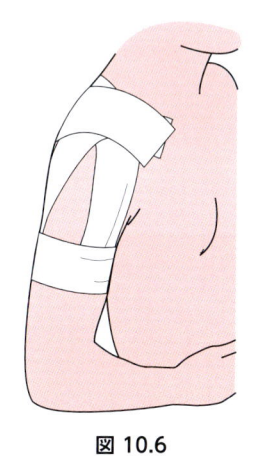

図 10.6

テーピングテクニック

肩鎖関節ストラップ

D. ニーショー

適 応

AC関節の靱帯の捻挫

効 用

鎖骨の上方移動を軽減し、関節の適切な回転と偏位を可能にする。

使用するもの

低刺激性テープ（フィクソムールまたはメフィックス）、4cm幅リジッドストラップテープ

患者の姿勢

中立姿勢で腕を横に垂らす。

施術方法

1. 低刺激性テープを、乳頭の上方、大胸筋の中心の高さから、肩甲骨の下角まで貼る（図10.7）。
2. 前方から後方へリジッドテープを貼る。この時、後側では下向きにしっかりと圧力をかける。後方への力をかけずに、下向きの力をかけること。

確認事項

水平屈曲および前屈でAC関節の挙上の量を評価する。痛みのレベルを以前と比較する。

禁 忌

過敏肌になったことのある患者。

肩甲帯

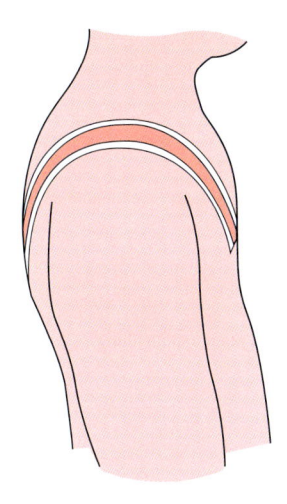

chapter 10

図 10.7

テーピングテクニック

肩鎖関節テーピング

A. ヒューズ

適 応

AC関節の急性の離開（グレード1-3の靱帯損傷）。関節窩上腕関節の不安定性にも改変して応用可能。

効 用

以下によって肩上部の痛みを軽減する：（1）AC関節傷害後の肩峰および鎖骨遠位末端の接近の維持、（2）鎖骨遠位末端の下制の補助。

使用するもの

5cm幅低刺激性プレテープ（フィクソムール/ハイパーフィックス）、3.8cm幅リジッドテープ、10cm幅エラスティック粘着テープ

患者の姿勢

腕を支えて、50-60°水平に外転させ、10°水平屈曲させて、座らせる。

施術方法

1. 以下のリジッドテープの貼り方と同じ方法でフィクソムールテープを貼っておく。体のこの部分では皮膚反応が起こりやすいので、リジッドテープがフィクソムールからはみ出さないようにすること。
2. リジッドテープのストリップを2枚、肩甲骨の下角の下から肩越しに（AC関節を避けて）胸筋下の領域まで貼る。鎖骨を引き下げ、接着する前に胸部の軟部組織を寄せる（図10.8）。
3. 上腕の三角筋停止部の遠位に、3分の2が重なるようにして、1～2枚の不完全なアンカーを貼る。
4. 上腕のアンカーの前面と後面から2枚のサポートストリップを貼る。それぞれ、上後方および上前方の方向に向かわせて、肩のアンカーの後面および前面まで貼り付ける。さらに2枚のサポートストリップを、前のストリップに3分の2が重なるように、繰り返し貼り付ける（図10.9）。
5. 上腕に最初のアンカーを貼り直す。
6. フィクソムールかエラスティック粘着テープで、胸に2枚のロックアンカーを貼り、腕を挙上した時に胸のテープが持ち上がらないようにする（図10.10、10.11）。

肩甲帯

chapter 10

AC関節

図 10.8

AC関節

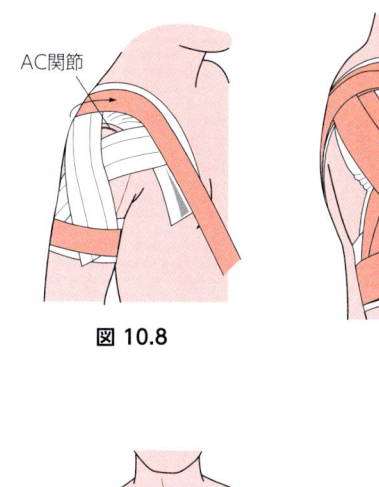

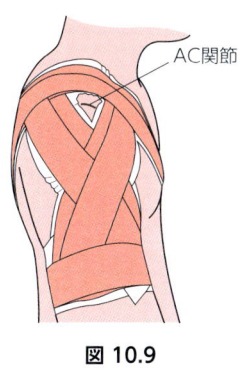

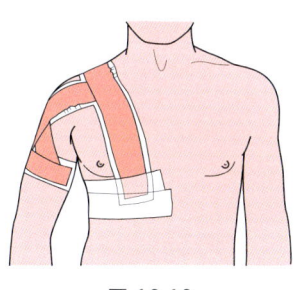

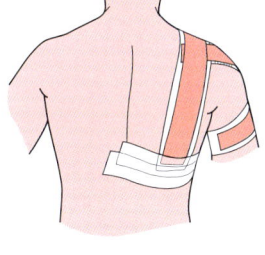

図 10.9

図 10.10

図 10.11

151

テーピングテクニック

確認事項

立位で、けがした腕を約10°外転した状態に維持するとよい。自由に挙上できることに注意する(図10.12)。

禁　忌

皮膚反応が起こる可能性があるので、年長の患者にはリジッドテープを用いないこと。この場合には、フィクソムール/ハイパーフィックスなどの低刺激性テープだけでテクニックを施すこと。

肩甲帯

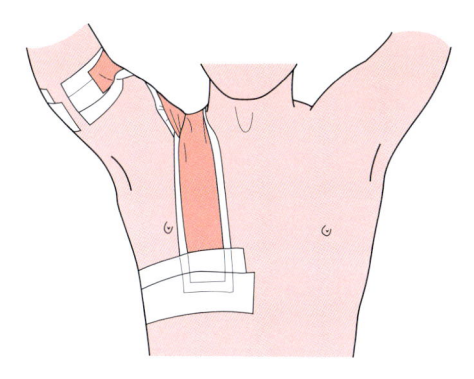

図 10.12

役に立つコツ

上腕を交差するテープ(図10.9参照)を貼って、関節窩上腕関節の前面(水平伸展を制限する)または関節窩上腕関節の後面(水平屈曲を制限する)を大きく覆うことにより、関節窩上腕関節の不安定性にもこのテクニックを応用できる。これにより、腕の挙上も制限される。

このテクニックでは、AC関節がテープで覆われない(図10.8-10.10)。したがって、テーピングを貼ったまま、治療薬を用いることができる。

テーピングテクニック

伸縮性テープを用いたスポーツのための肩鎖関節テーピング

O. ルイヨン

適 応

AC関節亜脱臼後のスポーツへの復帰後遺症が残る運動選手に対して予防的にリジッドテープが必要ない捻挫

効 用

スポーツ中に能動的、受動的に鎖骨をコントロールする。

使用するもの

潤滑剤、3～4枚の角型ガーゼ、6cm幅伸縮性テープを1～2巻、10cm幅粘着包帯

患者の姿勢

腕を80°外転させて座位にする。

施術方法

乳頭を潤滑剤とパッドで保護する。AC関節を潤滑剤とパッドで保護する。張力をかけずに、上腕の三角筋のV字の周りに6cm幅伸縮性テープのアンカーを貼る。胸部の周りを半周するアンカーを貼る（図10.13）。

サポートストリップ

1. 6cm幅伸縮性テープを用いて、胸鎖関節を始点として1枚目のストリップを貼り、中程度の張力で引っ張って、AC関節を越え、腕のアンカーの後面で終わる（図10.14）。
2. 2枚目のストリップは、首の付け根後方を始点とし、AC関節を越えて、腕のアンカーの前面で終わる（図10.15）。
3. 3枚目のストリップは、胸椎を始点とし、AC関節をまたいで、2枚目のストリップの前方の腕のアンカーで終わる（図10.16）。

肩甲帯

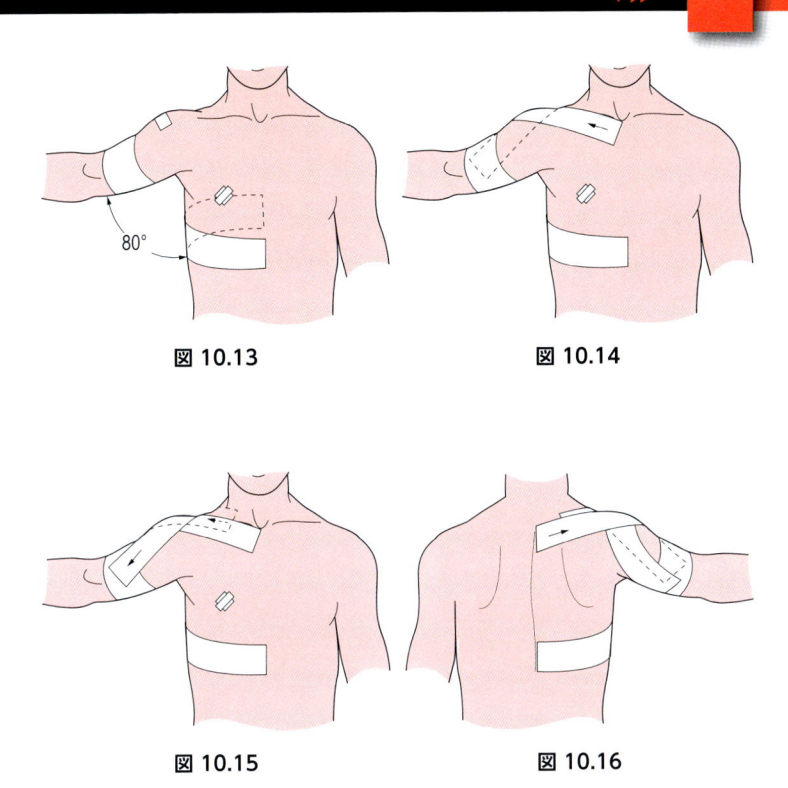

chapter 10

図 10.13

図 10.14

図 10.15

図 10.16

テーピングテクニック

（6cm幅のテープで）さらに3枚のストリップを貼る。

4. 1枚目のストリップは、矢状面内で、胸部のアンカーの後側からAC関節を越えて胸部のアンカーの前面で終える（図10.17）。
5. 2枚目のストリップは、1枚目のストリップに対して30°の角度で始め、AC関節で1枚目のストリップと交差する。
6. 3枚目のストリップは、2枚目と対称に貼り、AC関節で前の2枚のストリップと交差する（図10.18）。

アンカー（ロックストリップ）

6cm幅伸縮性テープで、腕と胸部の周りに最初のアンカーを再び巻く（図10.19）。テーピングを適所に維持するために、10cm幅の粘着包帯を、胸部の周りに数回巻く。

確認事項

能動的可動範囲を検査する。テーピングによってサポートされているかを確認する。

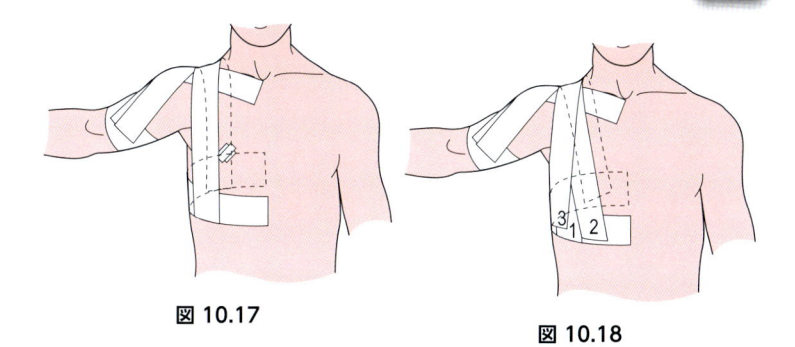

肩甲帯

chapter 10

図 10.17

図 10.18

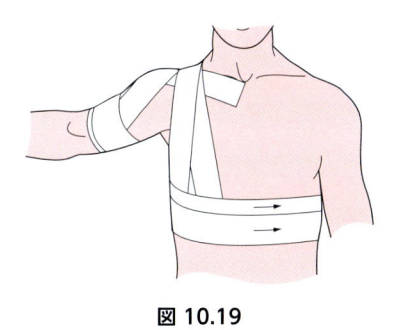

図 10.19

157

テーピングテクニック

肩甲骨の上方回旋

D. モリシー

適 応

このテクニックは、肩甲上腕の調子が悪くなっている場合、例えば肩峰下インピジメントなどの場合に用いる。

効 用

患者が、改善された動きのパターンを意識的に再学習する時に、腕の挙上時の肩甲骨の上方回旋を固有受容感覚的に促進すること。

使用するもの

10cm幅メフィックス/ハイパーフィックス、4cm幅酸化亜鉛テープ

患者の姿勢

例えばテープのロールなどを挟んで腕を体側からわずかに離した状態で、座らせる。

施術方法

肩甲骨を"矯正された"位置すなわち上方回旋した位置に保ってテーピングするが、この位置は、施術者が能動的な位置決めを教えることによって実現できる。

1. まず、T3-T9の胸椎のすぐ外側から、外側下向きに腋窩の中心線まで、張力をかけずにメフィックスを貼る。次に、酸化亜鉛テープを内側から外側またはその反対向きに貼り、親指で肩甲骨の下角を外側に押し、その上の皮膚を若干束ねるようにする(図10.20)。
2. 同様に、3~4枚の酸化亜鉛テープを貼る。

確認事項

完全な腕の挙上が可能なことを確認する。この領域の皮膚は弱いので、腋窩毛(or 脇毛)がテープにつかないよう、また、腋窩の柔らかい皮膚を引っ張りすぎないように気をつける。

禁 忌

アレルギー反応、開放創がある場合。

肩甲帯

chapter 10

患者への指示

皮膚に赤みやかゆみが出なければ、テープは最長3日間そのままにしておいてよい。再度テーピングするまでに、少なくとも1日は、空けること。外す時は、ゆっくりと優しく外すこと。

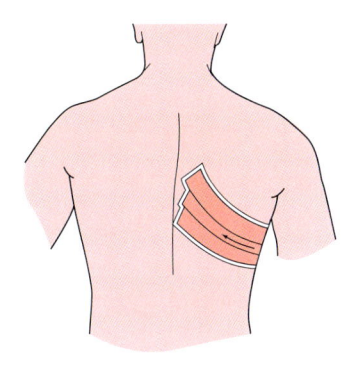

図 10.20

テーピングテクニック

上腕骨頭の整復

J. マコーネル

適　応

前腕の不安定性、インピジメントの問題、腱板断裂、癒着性関節包炎

効　用

上腕骨頭の前面を上後方に持ち上げることで、位置の不正を矯正し、上腕骨頭と肩峰の間の空間を増大させる。

使用するもの

低刺激性テープ（エンデュラフィックス/フィクソムール/ハイパーフィックス/メフィックス）、3.8cm幅テープ

患者の姿勢

腕を体側に垂らして、椅子かスツールに座らせるか、立たせる。

施術方法

テーピングする領域に低刺激性テープを貼る。
1. 関節窩上腕関節の前面にテープの一端を貼り付ける。
2. もう一方の親指で、上腕骨頭を上後方に持ち上げる（図10.21）。
3. 肩甲骨を斜めに横切るようにテープをしっかりと引っ張り、肩甲骨の下角のすぐ内側で終える。

この領域の皮膚は敏感であり、適切に気を配らないと損傷することがあるので、前方に強く引っ張りすぎないように気をつけること。

確認事項

痛みのある活動を確認する。テーピングが適切に施されていれば、痛みがなくなっているはずである。

禁　忌

皮膚のアレルギーの場合は、テーピングの前に皮膚を保護しなければならない。

肩甲帯

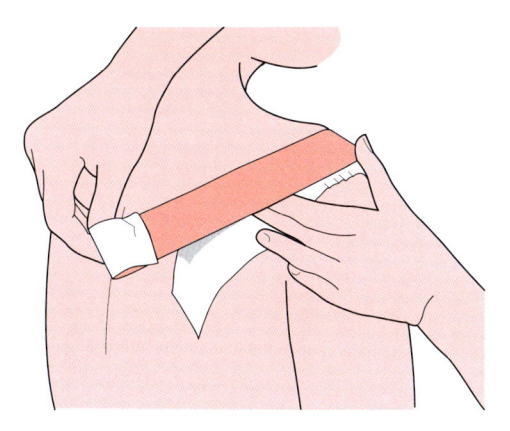

chapter 10

図 10.21

役に立つコツ
長期間の症状の緩和を確実にするために、胸椎可動性の改善と、肩甲骨および関節窩上腕を安定させる筋肉のトレーニングに取り組むこと。

テーピングテクニック

多方向不安定症

J. マコーネル

適　応

肩の多方向不安定症

効　用

関節窩に上腕骨頭を安定化させる。

使用するもの

低刺激性テープ（エンデュラフィックス/フィクソムール/ハイパーフィックス/メフィックス）、3.8cm幅テープ

患者の姿勢

肩甲骨面外転30°の位置で前腕をテーブルで支えて、椅子かスツールに座らせる。

施術方法

テーピングする領域に低刺激性テープを貼る。
1. 三角筋の中央に1枚目のテープを貼り、上腕骨頭を持ち上げる。
2. 2枚目のテープは、上腕の前方を始点として、鎖骨の上を斜めに渡し、肩甲骨棘の上に留める。上腕をもう一度上方に持ち上げる（図10.22）。
3. 3枚目のテープは、三角筋の後方を始点として、肩甲棘に沿って首筋にまで貼る。上腕を上方に持ち上げる。このテープで、患者に後方の安定性をもたらす。このテープがないと、患者は不安定に感じることが多い。

確認事項

痛みのある活動を確認する。テーピングが適切に施されていれば、痛みがなくなっているはずである。

禁　忌

皮膚のアレルギーの場合は、テーピングの前に皮膚を保護しなければならない。

肩甲帯

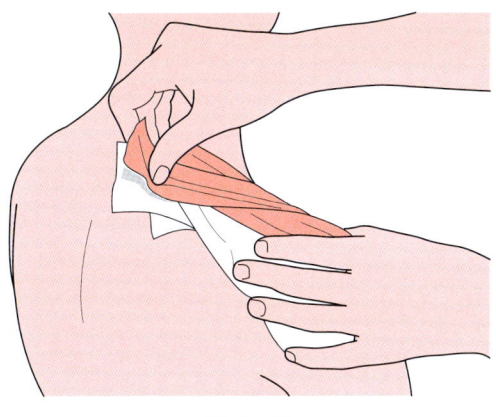

chapter 10

図 10.22

役に立つコツ
安定化させる筋肉として、三角筋のトレーニングから始める。

テーピングテクニック

上部僧帽筋の抑制

D. モリシー

適 応

このテクニックは、上部僧帽筋が過活動と診断された時に用い、臨床的に望ましいように過活動を抑制する

効 用

上部僧帽筋腹を圧迫し、活動を抑制する。

使用するもの

4cm幅酸化亜鉛テープ、アンダーテープとして5cm幅メフィックス/ハイパーフィックス

患者の姿勢

安定した姿勢で、上部僧帽筋の力を抜いて、腕を体側に垂らす。

施術方法

最初に、以下の手順で、張力をかけずにメフィックスを貼る。
1. 鎖骨の真ん中から、テープの内側の縁を首の角度に沿わせて貼る(図10.23)。
2. 肩の上を通し、背中のT9/10まで下げて貼る(図10.24)。

最低限の張力で、酸化亜鉛テープを貼る。

3. 鎖骨のすぐ上から、筋腹の真ん中まで達したら、強い圧迫力を筋肉にかけつつ、テープの末端がT9/10の位置に来るように貼る。
4. 2枚目のストリップはめったに必要ではない。

確認事項

完全な動きが可能であり、テープによって鎖骨と胸部が極度に圧迫されていないことを確認する。24時間程度で、皮膚が損傷する場合がある。

禁 忌

アレルギー反応、開放創がある場合。

肩甲帯 chapter 10

患者への指示

皮膚に赤みやかゆみが出なければ、テープは最長3日間そのままにしておいてよい。長持ちさせるために、ヘアドライヤーで乾かして、過度にぬれた状態を避けること。再度テーピングするまでに、少なくとも1日は空けること。外す時は、ゆっくりと優しく外すこと。

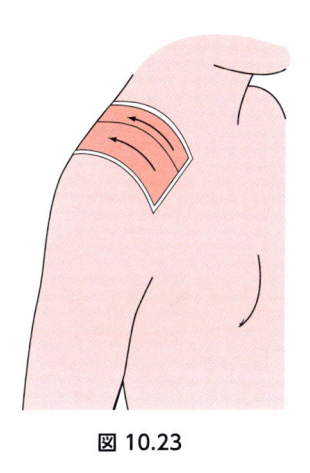

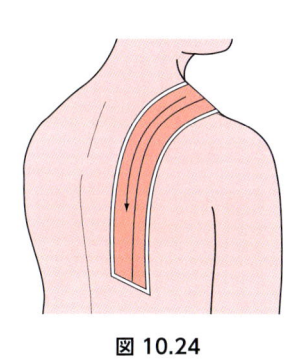

図 10.23　　　　　図 10.24

テーピングテクニック

肩甲骨の外旋

D. モリシー

適 応

このテクニックは、肩甲骨の過度の内旋が、肩インピジメントなどの症状を伴う場合に用いる

効 用

患者が、改善された動きのパターンを意識的に再学習する時に、腕の挙上時の肩甲骨の上方回旋を固有受容感覚的に促進すること。

使用するもの

4cm幅酸化亜鉛テープ、アンダーテープとして5cm幅メフィックス/ハイパーフィックス

患者の姿勢

肩甲骨を"矯正した"位置すなわち外方に回旋した位置に保ってテーピングする。一時的に不十分な筋活動パターンになるとしても、この位置は、施術者が能動的な位置決めを教えることよって実現できる。あるいは、酸化亜鉛テープを貼る時に受動的に位置決めしてもよい。

施術方法

1. まず、張力をかけずに、関節窩上腕関節線の前方の近位2cmを始点として、肩峰のすぐ下で三角筋を巻き、同じ側のT7の上で終わるように、メフィックスを貼る。
2. 酸化亜鉛テープを、関節窩上腕関節線の前方から、同じ終点に向かって貼る。肩甲骨を完全に横切っていなければならない。肩甲骨が最適な位置から外れた時に、テープによって引っ張られるようにすることが目的なので、テープにはわずかな張力しかかけないことを推奨する。

確認事項

挙上が可能か確かめること。大幅な制限（>15%）は、水平屈曲だけでなければならない。

肩甲帯

chapter 10

禁　忌

アレルギー反応、開放創がある場合。

患者への指示

皮膚が赤くなったり、かゆくなったりしないなら、テープは最大3日間そのままにしておいてよい。長持ちさせるために、ヘアドライヤーで乾かして、過度にぬれた状態を避けること。再度テーピングするまでに、少なくとも1日は空けること。外す時は、ゆっくりと優しく外すこと。

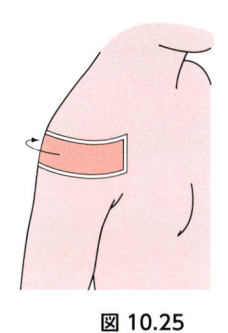

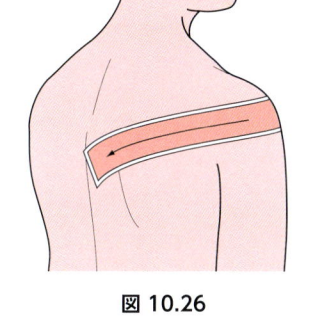

図 10.25　　　　図 10.26

テーピングテクニック

肩甲骨の後傾

D. モリシー

適　応

このテクニックは、挙上中の過度の前傾が、患者の症状の一部として見られる時に用いられる

効　用

患者が、改善された動きのパターンを意識的に再学習する時に、腕の挙上時の肩甲骨の後方回旋を固有受容感覚的に促進すること。

使用するもの

4cm幅酸化亜鉛テープ、アンダーテープとして5cm幅メフィックス/ハイパーフィックス

患者の姿勢

肩甲骨を"矯正した"位置すなわち後方に回旋した位置でテーピングする。一時的に不十分な筋活動パターンになるとしても、この位置は、施術者が能動的な位置決めを教えることによって実現できる。あるいは、酸化亜鉛テープを貼る時に受動的に位置決めしてもよい。

施術方法

1. まず、張力をかけずに、関節窩上腕関節線の下端の内側2cmから、鎖骨を越えて、同じ側のT10の上で終えるように、メフィックスを貼る。
2. 酸化亜鉛テープを、関節窩上腕関節線の前方から、同じ終点に向かって貼る。肩甲骨を完全に横切っていなければならない。肩甲骨が最適な位置から外れた時に、テープによって引っ張られるようにすることが目的なので、テープにはわずかな張力しかかけないことを推奨する。

確認事項

挙上が可能か確かめること。大幅な制限（>15%）は、伸展だけでなければならない。鎖骨前方の柔らかい皮膚は、傷つきやすいので、過度の張力をかけないように十分に注意する。

肩甲帯

chapter 10

禁忌

アレルギー反応、開放創がある場合。

患者への指示

皮膚に赤みやかゆみが出なければ、テープは最長3日間そのままにしておいてよい。長持ちさせるために、ヘアドライヤーで乾かして、過度にぬれた状態を避けること。再度テーピングするまでに、少なくとも1日は空けること。外す時は、ゆっくりと優しく外すこと。

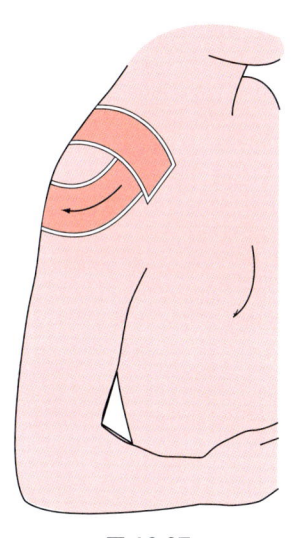

図 10.27

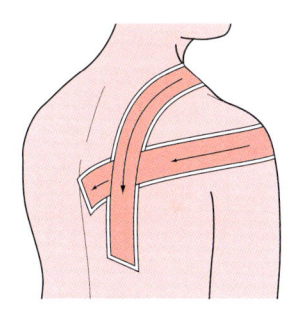

図 10.28

chapter
第11章

11
肘、手首、手

テニス肘（外側上顆炎）……………172
簡単な上顆炎技術……………174
肘過伸展による捻挫……………176
予防的な手首テーピング……………178
手首テーピング……………182
手首テーピング……………184
手首テーピング……………188
下橈尺関節テーピング……………190
手の挫傷……………192
手掌保護テーピング
　（ラッセル網）……………194
ボクサーのための
　中手指節関節の保護……………198

テーピングテクニック

テニス肘（外側上顆炎）

W. A. ヒン、D. A. リード

適 応

外側上顆炎痛

効 用

特に、物をつかんだり回内させたりすることを含めた前腕と手首の動きの際に、伸筋機構にかかる負荷を軽減する。

使用するもの

粘着スプレーまたは低刺激性アンダーテープ（フィクソムールかメフィックス）、3.8cmストラップテープ、カミソリ

患者の姿勢

座位または立位で、肘を90°に曲げて、前腕を完全に回外させる。

施術方法

1. 前腕の中程にアンカーを巻く（図11.1）。
2. 上述した位置に腕を保ち、前腕の内側でアンカーにテープの端をつける。腕に対して斜めに巻き上げ、外側上顆の少し上まで貼る。上腕三頭筋の外側を回して、上腕二頭筋の内側面を終点とする（図11.2）。
3. 2枚目のストリップを、通常は近位にずらして1枚目と3分の1重なるようにして、同じように貼る（図11.3）。
4. 再度、最初のアンカーを貼る。

確認事項

完成すると、患者は、肘の伸展および回内の動きが、テープで制限されていると感じるはずである。

肘、手首、手

chapter ▶▶ 11

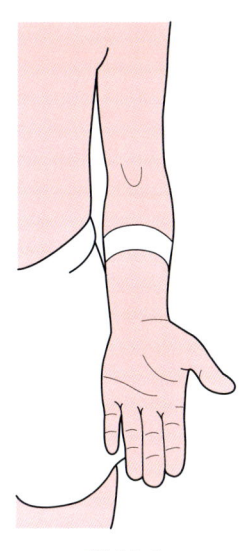

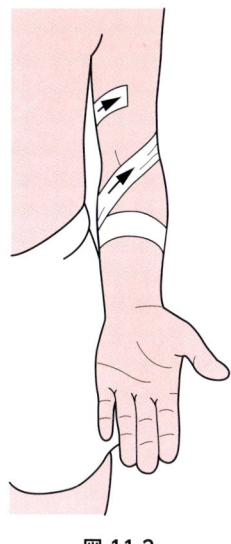

図 11.1

図 11.2

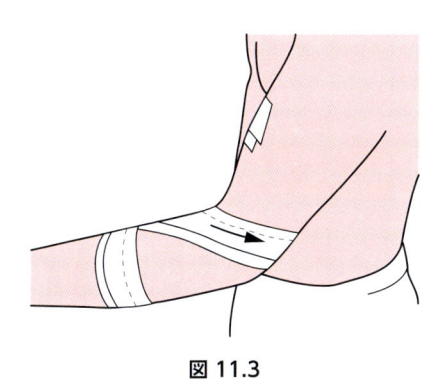

図 11.3

簡単な上顆炎技術

R. マクドナルド

適 応

テニス肘──伸筋腱起始部の炎症

効 用

腱が付着する起始部にかかるストレスを軽減する。伸筋腱が引っ張られている状態を整復する。

使用するもの

3.8cm幅テープ（強力な粘着剤付き）、5cm幅粘着包帯

患者の姿勢

施術者と向かい合わせに患者を立たせ、腕を回内させて椅子の背に置く。

施術方法

1. 反対向きの抵抗をかけつつ患者に第3および第4指と手首を伸展させることによって、短橈側手根伸筋の筋腹が収縮しているのを視覚的に観察する。
2. 患者の肘を90°に曲げて胸の前に持って行き、反対側の前腕に軽く置く。テープを10-15cmのストリップに切る。
3. 肘の屈曲線のすぐ遠位側の前腕部正中線（掌側）にテープを付け、外側上顆を覆って上腕の肘頭／後上方面まで、上外側に向かってらせん状に巻く（図11.4）。
4. テープを貼る前に、施術者の反対側の手の親指を筋腹の下に置いて、軟部組織にしわができるように、きつくテープを引っ張る（図11.5）。
5. 必要であれば、このストリップをもう一枚近位側に繰り返す。

フィギュアエイトパターンで粘着包帯を1-2巻きして、位置を保つ。

確認事項

患者に拳を握らせて、サポートが効いて上顆にかかるストレスが軽減されているかどうかを確かめる。

肘、手首、手 chapter 11

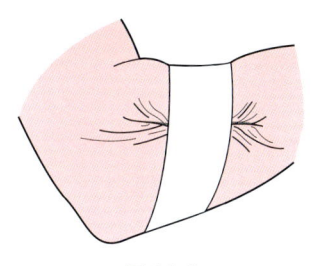

図 11.4

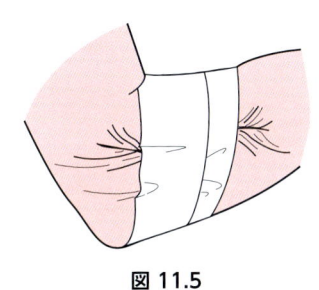

図 11.5

役に立つコツ
簡単に貼ることができるので、このテクニックを友人や家族に教えておく。

テーピングテクニック

肘過伸展による捻挫

R. マクドナルド

適 応

肘の過伸展、インピジメント、内側側副靱帯の捻挫

効 用

肘の伸展の程度を制限する。

使用するもの

粘着スプレー、角型ガーゼ、7.5cm幅伸縮性テープ、3.8cm幅および2.5cm幅テープ、5cm幅粘着包帯

患者の姿勢

施術者と向かい合わせに患者を立たせ、前腕を回外および伸展させて椅子の背に置く（アンカーを貼るために拳を握る）。

施術方法

腕にスプレーし、潤滑剤を含ませた角型ガーゼを肘窩にあてる。（収縮させた）上腕二頭筋の筋腹の周りに伸縮性テープのアンカーを巻き、前腕部の近位の3分の1の場所にもう1枚のアンカーを巻く。

1. 肘を45-60°に曲げ、上下のアンカーの間の距離を測る。
2. （この長さの）2.5cm幅テープのストリップを5枚用意し、テーブルの上で（扇状に）チェックレインを作る。
3. 扇形の一端を、遠位側のアンカーに貼り、腕の前部に2-3枚のテープを貼るだけで適切な位置に固定する。近位側のアンカーにもう一端を貼る前に、手で動きの範囲を検査し、伸展の全範囲のうち少なくとも2°はブロックされていることを確かめる（上腕の皮膚は大変動きやすいことに注意する）。
4. 両端を固定するために、もう一枚アンカーを重ねる（図11.6）。皮膚が引っ張られないように、らせん状に腋窩まで粘着包帯を腕に巻き上げる。テープストリップで端を固定する。

肘、手首、手

chapter 11

確認事項

患者がラケットを快適に持って、自信を持ってフォアハンド／バックハンドのスイングができるか？

禁　忌

皮膚のアレルギーまたは皮膚が弱い場合。

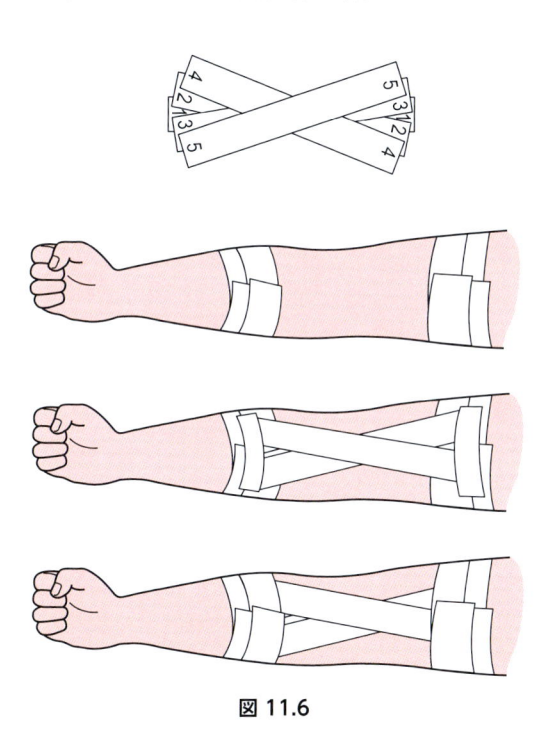

図 11.6

役に立つコツ
チェックレインは、多くの関節——手首（屈曲／伸展、橈側／尺骨偏位）、足首、膝（反張膝）——の可動範囲をブロックするのに非常に有効である。

177

テーピングテクニック

予防的な手首テーピング

D. リーズ

適　応

体操、筋力トレーニングなどのスポーツで手首を伸展することによるけがの予防

効　用

手首を支持する際によく起きる血行の悪化や手根管の問題を引き起こさずに、手首の背面にテープを貼ることで手首の伸展を抑制する。

使用するもの

2.5cm幅または3.75cm幅テープ（手首のサイズによる）、手首の掌側を覆うような形に切り取ったフォームラバーの小片

患者の姿勢

立位か座位で、拳を握らせる。

施術方法

テーピングする領域の剃毛をし、清潔にして乾燥させておく。まず、患者に拳を握らせる。腱を保護するために、四角く切ったフォームラバーを、手首の掌側に置く（図11.7）。

アンカー

尺骨および橈骨茎状突起の近位約5cmを始点としてアンカーテープ1、2、3を固定する。前腕と手の接合部の自然な角度に合わせて、テープを貼る。前のアンカーテープに、約3分の1幅だけ重ねて、遠位に向かって貼ってゆく。最後のアンカーテープの端が、第2-第5中手骨の基部まで達するべきである。アンカーテープが、動きの範囲を制限しないことを確認しておく。

肘、手首、手

chapter 11

サポート

茎状突起から第2-第5中手骨の基部まで、手首の背面全体をサポートテープで覆う。このテープは、巻き付けるのではなく、手首の背面に往復させて貼り付ける。テープの量は、必要なサポートの量に応じて決めるが、5-6回重ねるのが普通である（図11.9）。

アンカー

最初の3枚を覆うようにアンカーテープ1、2、3を貼り付ける（図11.10）。

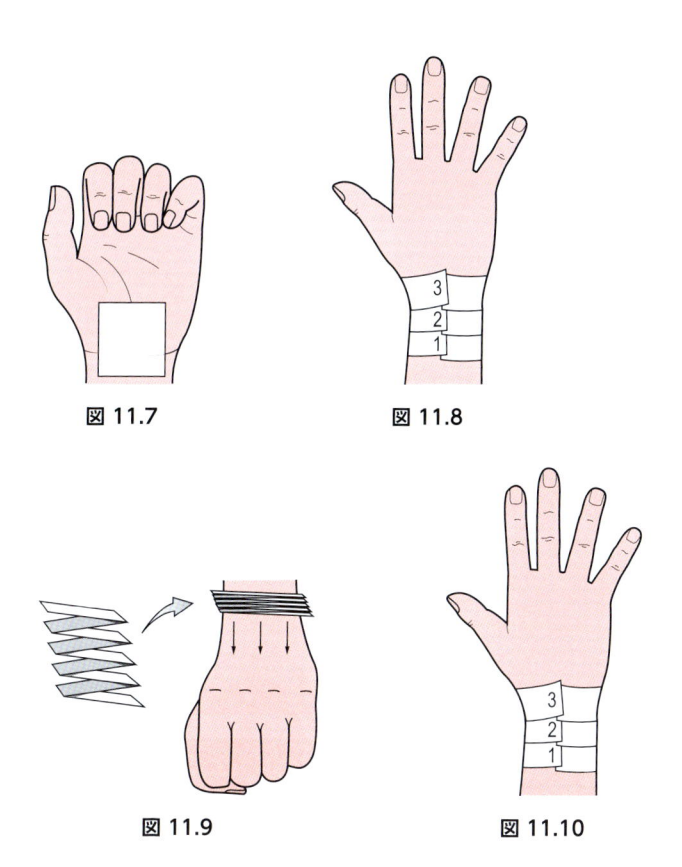

図 11.7

図 11.8

図 11.9

図 11.10

| テーピングテクニック

確認事項

手首のサポートは十分か?そうでなければ、手首の背面にさらにテープを貼って調整する。動きをチェックする。

禁　忌

テープの貼り方が適切でない場合、手の血液循環の問題が生じる場合がある。このテーピングは、患者が活動的な場合にのみ使用する。

肘、手首、手

chapter 11

> **注意**
> 上述のように貼ったアンカーだけでも、強化のための簡単な手首のテーピングとして用いることができる。

> **役に立つコツ**
> 皮膚の背面に直接貼るのが最適である。

手首テーピング

K. E. ライト

適 応

手首の捻挫と筋違い

効 用

手首の支持と安定性を提供する。

使用するもの

3.8cm幅粘着テープ、7.5cm幅エラスティックテープ

患者の姿勢

過伸展損傷に対しては、手首を若干屈曲させ、指を開く。過屈曲損傷に対しては、手首を若干伸展させ、指を開く。

施術方法

1. 前腕の中間に、3.8cm幅粘着テープのアンカーストリップを巻く。
2. 7.5cmエラスティックテープを30-40cmの長さのストリップに切る。テープストリップの真ん中に、両側から約2.5cmの位置に小さな穴を2つあける（図11.11）。テープに最大限の張力をかけて、第3および第4指をテープにあけた穴に通す（図11.12）。エラスティックテープの両端を前腕の中程のアンカーに付ける（図11.13）。
3. テープ両端の上から3.8cm幅粘着テープを貼って固定する（図11.14）。

肘、手首、手

chapter 11

図 11.11

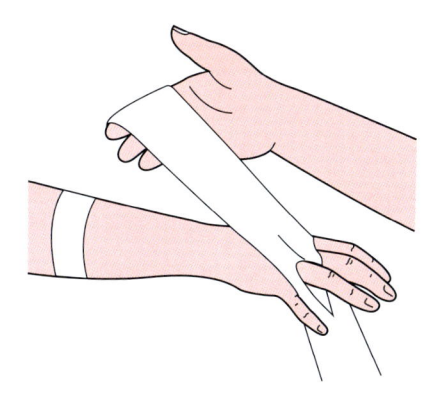

図 11.12

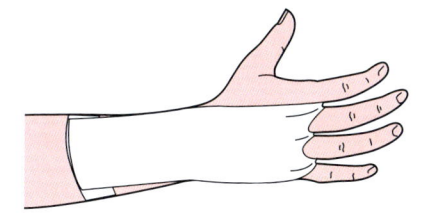

図 11.13

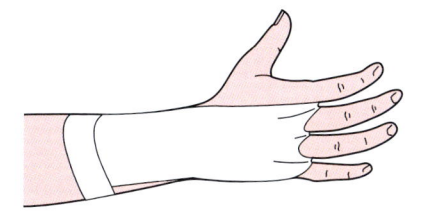

図 11.14

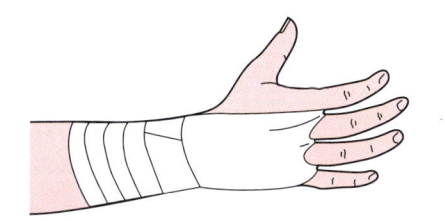

テーピングテクニック

手首テーピング

H. ミルソン

適 応

これは、"パドラー（カヌーの漕ぎ手）手首"つまり、急性の前腕腱滑膜炎の予防と治療に非常に優れた効果がある。コンピュータの使いすぎなどの日常生活での活動、レスリング、ラグビー、クリケット、テニス、バドミントンなどのさまざまなスポーツによるあらゆる手首の痛み。

効 用

手首を支持し、過屈曲を抑制する。

使用するもの

フライヤーズ・バルサムまたは低刺激性アンダーテープ、2.5cm幅および5cm幅伸縮性粘着包帯（EAB）

患者の姿勢

患者をゆったりと座らせ、前腕を置いて、手首と指を解剖学的機能肢位、つまり、手首を若干伸展（15-20°）させ、指を若干屈曲させる。

施術方法

1. 前腕の中間に、5cm幅EABのアンカーストリップを巻く。
2. 前もって、2.5cm幅テープのストリップを3枚用意しておく。各2.5cm幅テープの一端にV字の切れ込みを入れる（図11.15）。テープの長さは、掌の中手指節関節よりも下の位置から前腕の真ん中までの長さである。
3. これらのストラップを、指の間を通して（図11.16）手の甲を越え前腕のアンカーの背面側まで貼っていく（図11.17）。
4. 2.5cm幅のストラップで、前腕中部のアンカーの親指側を始点として、手首、手の甲を横切り、指の基部で掌へ巻く。これで、最初のストラップを抑える。強く引っ張らないこと。手の甲へストラップを回して、手首で交差させ、端をアンカーの小指側に貼り付ける（図11.18）。

肘、手首、手

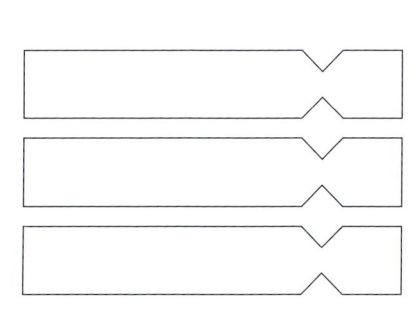

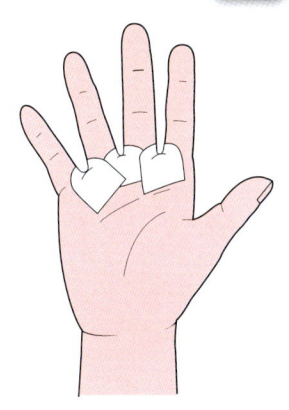

chapter 11

図 11.15

図 11.16

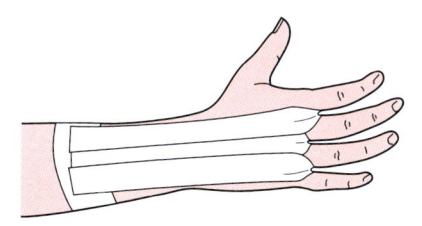

図 11.17

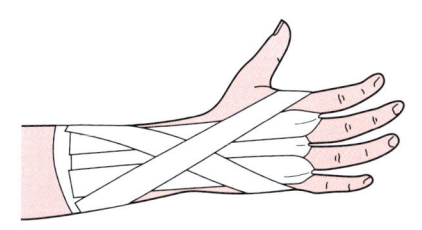

図 11.18

テーピングテクニック

5. 互いに重なるように、3-4枚のストラップを同じように貼る（図11.19、11.20）。
6. 5cm幅EABを前腕と手首に巻いてを完成させる。これは軽く巻いて、端を固定するために短いリジッドテープで閉じる（図11.21）。

確認事項

このテーピングは、必要な機能に特異的に作用し、決して他の機能を制限してはならない。2.5cm幅ストラップが掌に長く伸びていないことが、最も重要である。長すぎると機能を妨げる可能性がある。3枚の指のストラップが引き抜かれて効果がなくなるのを防ぐために、手の掌側に巻く2.5cm幅テープで十分に固定することが欠かせない。

注意：ストリップを強く引っ張らないこと。これは、すべてのストリップを貼った例である。

禁　忌

皮膚のアレルギー、テーピングの後に痛みがある場合。

肘、手首、手 chapter ▶▶ 11

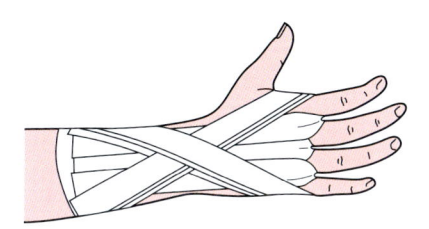

図 11.19

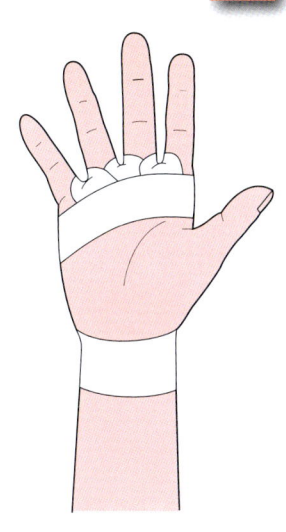

図 11.20

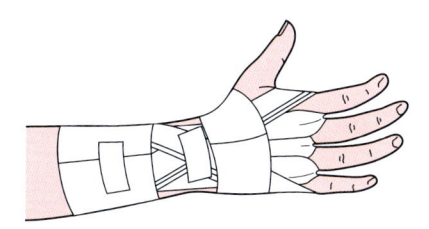

図 11.21

役に立つコツ
さまざまな疾患に対して用いられる優れた方法である。新たな疾患／スポーツに試してみよう。

手首テーピング

R. マクドナルド

適 応

手首の過伸展損傷、過屈曲損傷

効 用

支持と、可動域の制限。

使用するもの

粘着スプレー、角型ガーゼ、3.8cm幅および2.5cm幅テープ、粘着包帯

患者の姿勢

施術者と向かい合って、アンカーを貼る時に手を広げる。

施術方法

手および手首にスプレーする。腱を保護するために、手首の掌側にパッドを置く。

アンカー

1. 3.8cm幅テープで、手を斜めに横切り手首を一周するアンカー、または、手の真ん中を一周するアンカーを貼る。前腕中部の筋肉よりも下方の位置に2枚のアンカーを貼る(図11.22)。手を若干屈曲した位置にして、アンカー間の距離を測る。

チェックレイン

2. 2cm幅または2.5cm幅テープの5または7枚のストリップをテーブルの上で互いに半分ずつ重なるようにして貼り付け、チェックレインを(扇形に)作る(図11.23)。
3. 手のアンカーに最初にチェックレインを貼って、所定の位置で固定する。手首関節の可動範囲をチェックして、完全に伸展／屈曲しないようにする。反対側の端を前腕のアンカーに貼る。前腕の皮膚は大変動きやすいことに注意する。

肘、手首、手 chapter 11

ロックストリップ

4. 扇形の両端にストリップを貼って適所に固定し、最初のアンカーと同様のテープを貼る(図11.24)。テープを貼る時、過伸展に対しては、手首を若干屈曲させ、過屈曲に対しては、手首を若干伸展させる。

確認事項

回内／回外が制限されているか?患者がラケット／バットを持つことができるか?

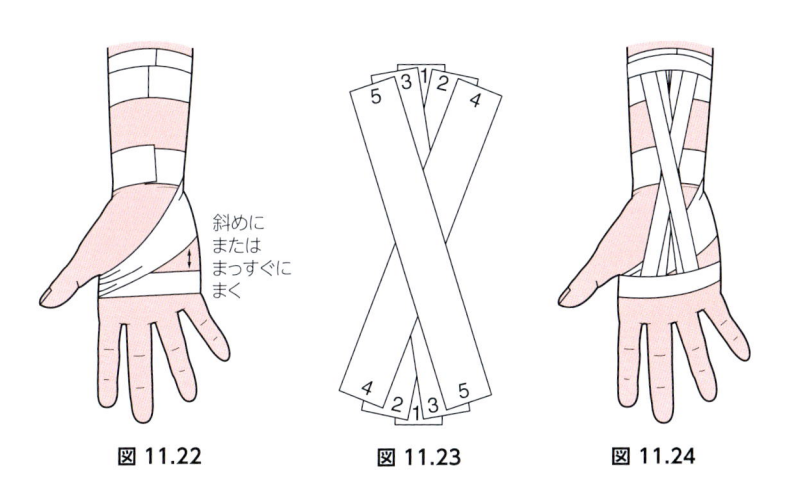

斜めに
または
まっすぐに
まく

図 11.22   図 11.23   図 11.24

役に立つコツ
手および手首は、肌色の粘着包帯でラップする。

テーピングテクニック

下橈尺関節テーピング

W. A. ヒン、D. A. リード

適 応

手首痛、特に手首の回内および回外時の手首痛。コーレス骨折後、および運動併用モビリゼーション（MWMs）で痛みがなく成功した症状

効 用

橈骨に対する尺骨の位置ずれを整復または矯正する。

使用するもの

粘着スプレーまたは低刺激性アンダーテープ（フィクソムールかメフィックス）、3.8cmストラップテープ

患者の姿勢

座位か立位で、腕を弛緩させ、手首を中間位にする。

施術方法

橈骨に関して尺骨を背面にスライドさせると、痛みのある動きを矯正できる場合に、テーピングする。

1. 尺骨の掌面にテープを貼る。尺骨にMWMを施し維持する（図11.25）。
2. 背面方向に、斜めに手首を越えて橈骨を巻くようにテープを貼る（図11.26）。
3. テープは、始点の付近、手首の掌側で終える。
4. 固定のために、最初のテープの上に2枚目のテープを貼る。

確認事項

手首の全可動域が確保されていることを確かめる。もともと痛みのあった動き（手首の回内および回外）を評価すること。全可動範囲および機能範囲で、痛みなく動かせればよい。

肘、手首、手

chapter 11

禁　忌

テーピングによって痛みの変化すなわち増加が起きた場合。テープは、48時間以上貼ったままにすべきではない。皮膚のかぶれの兆候があった場合にはいつでも取り除くこと。

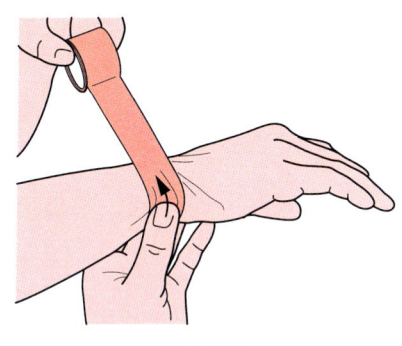

図 11.25

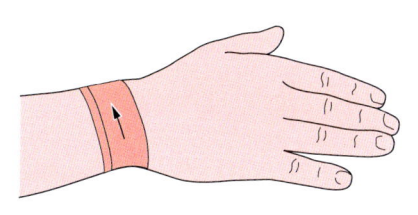

図 11.26

役に立つコツ
患者を正しい姿勢にすれば簡単に貼ることができるので、家族にテーピングの仕方を教えてもよい。そうすれば、夜にテープを外して朝にもう一度テーピングすることができ、皮膚の拒絶反応のリスクを軽減できる。

191

テーピングテクニック

手の挫傷

K. E. ライト

適 応
手の挫傷

効 用
打撲した手を保護する。

使用するもの
2.5cm幅および1.25cm幅粘着テープ、5cm幅エラスティックテープ、フェルトまたはフォームパッド

患者の姿勢
手の掌面を下にして、指を外転させる。

施術方法
1. 施術前にフォームパッドを切っておく。
2. 2.5cm幅粘着テープのアンカーストリップを手首に巻く。尺骨顆を始点にし、前腕の末端の背面を越えて手首を一周させる（図11.27）。次に、けがをした領域にフォームパッドを貼る。
3. 1.25cm幅テープのストリップを貼る。アンカーストリップの掌側を始点にし、指の間を抜けて、アンカーストリップの背面側を終点にする（図11.28）。第2-第3、第3-第4、第4-第5指の間に、3枚のテープを貼る（図11.29）。
4. 次に、2.5cm幅粘着テープをフィギュアエイトパターンで貼る（図11.30）。手首の背面側、尺骨顆の付近を始点にし、第2中手骨に向かって斜めに持っていき、第2〜第5中手骨の基部側を一周させる（図11.31）。第5中手骨まで掌側を渡し、そこから手首の橈骨側へ斜めに渡して、手首を一周させる（図11.23）。フィギュアエイトを2〜3回貼ってもよい。
5. このテクニックは、手首の周りに2.5cm幅粘着テープのアンカーストリップをもう一度貼って完成する。さらにサポートするために、5cm幅エラスティックテープで連続的なフィギュアエイトストリップを貼る（図11.33）。

肘、手首、手

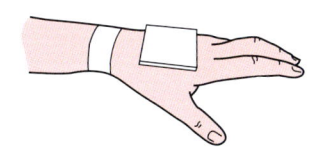

chapter 11

図 11.27

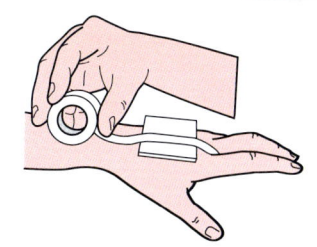

図 11.28

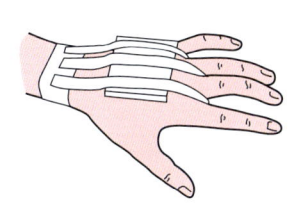

図 11.29

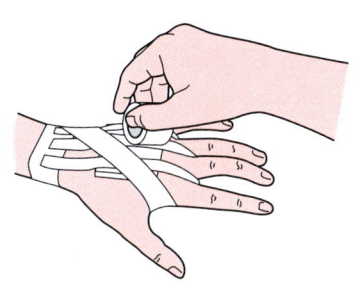

図 11.30

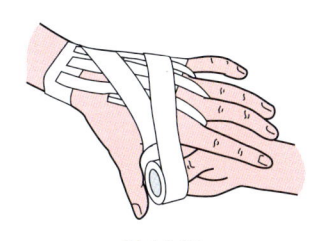

図 11.31

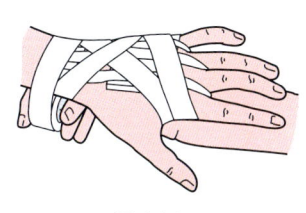

図 11.32

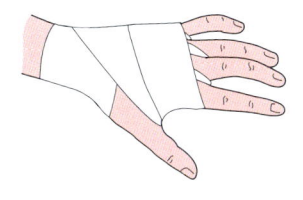

図 11.33

テーピングテクニック

手掌保護テーピング（ラッセル網）

C. アームストロング

適 応

けがも硬化もない掌を体操時に保護する

効 用

手の掌の皮膚を保護する層として機能する。体操器具へのグリップを維持するのを助ける。

使用するもの

粘着スプレー、潤滑剤、10cmまたは7.5cm伸縮テープ、3.75cmテープ

患者の姿勢

患者を立たせた状態で、腕を前に出し、掌を上向きに。

施術方法

1. 手首を剃毛する。
2. 指の間のまたに潤滑剤を塗り、ガーゼを当てる（図11.34）。
3. 手首を含めて、手に粘着スプレーする。
4. 手の長さの2倍の長さの10cm幅伸縮性テープを準備して、手がテープの長さの真ん中にくるように、手の基部にテープを貼る（図11.35）。
5. テープの指側の端から、テープに縦方向の切れ込みを4つ入れ、のばした時に、切れ込みを入れた部分が指の間に収まり、切れ込みの入っていない部分が掌を覆うようにする（図11.36a）。
6. これら切れ込み部分をピンと張って、両端のストリップについては、手の掌側から、それぞれ人差し指の外側と小指の外側に貼る。その他の中央のストリップは、指と指の間のまたに通す。これらのストリップは、手の甲に下ろし、手首を越えて、手首の前腕基部を終点にする（図11.36b）。

肘、手首、手 chapter 11

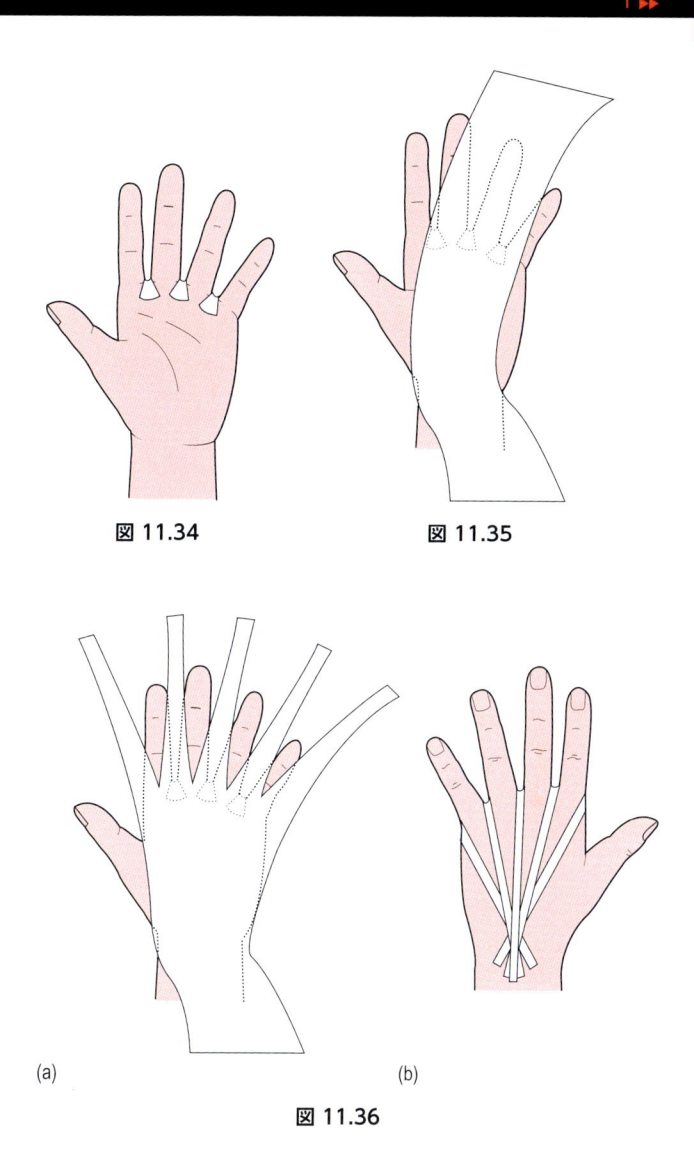

図 11.34

図 11.35

(a) (b)

図 11.36

テーピングテクニック

7. 次に、テープの手首側の端を真ん中で切り裂き、手首のしわの位置まで切れ目を入れる。2枚のストリップを手首の周りに巻いて、手の甲から手首に伸ばしたストリップを固定する（図11.37a）。
8. 3.75cm幅テープで手首のストリップを覆う（図11.37b）。

確認事項

指の間のまたにテープが食い込むことによる過度の不快感がなく、手首を屈曲および伸展することができなければならない。テープがこぶにならないように、十分にピンと張っておかなければならない。

肘、手首、手

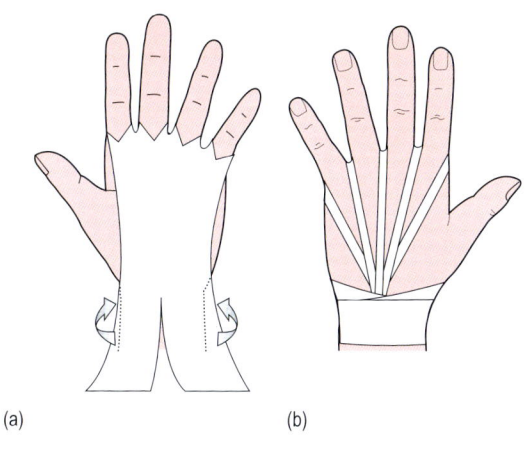

図 11.37

役に立つコツ
手が小さい場合には、10cm 幅の伸縮性テープではなく 7.5cm 幅のテープを使うとよいだろう。

テーピングテクニック

ボクサーのための中手指節関節の保護

R. マクドナルド

適 応

トレーニング中のボクサー、格闘技のための中手指節関節保護

効 用

保護パッドを適所に維持する。武術において、グリップのために掌を自由にしておく。

使用するもの

2.5cm幅および5cm幅伸縮性テープ、粘着スプレー、パッド／Professional Protective Technology（PPT）／ポロンまたはゴム製

施術方法

1. 手の甲および手首にスプレーする。4つの中手指節関節を覆う大きさに、保護パッドを切る。パッドを適所に貼り、5cm幅伸縮性テープで固定する。5cm幅伸縮性テープのアンカーを手首の周りに貼る（図11.38）。
2. 2.5cm幅伸縮性テープで、各指を巻くのに十分な長さのストリップを4枚切り、手首のアンカーの近位端に固定する。
3. 1枚目のストリップの中心を、人差し指の周りに巻く。中手指節関節の上で両端を交差させる。一方の端は、親指の中手骨を巻いて、手首のアンカーの前面に付ける。もう一方の端は、手首のアンカーの背面に付ける（図11.39）。
4. これを中指、薬指に繰り返す。小指については、人差し指と同じように、一方の端を手首のアンカーの掌側に付ける（図11.40）。

ロックストリップ

手首のアンカーをもう一度貼り、テープで閉じる（図11.41）。

確認事項

選手は、不快感なく拳を握れるか？パッドが十分に保護できる正しい位置にあるか？

肘、手首、手

chapter ▶▶ 11

パッド

図 11.38　　　　図 11.39

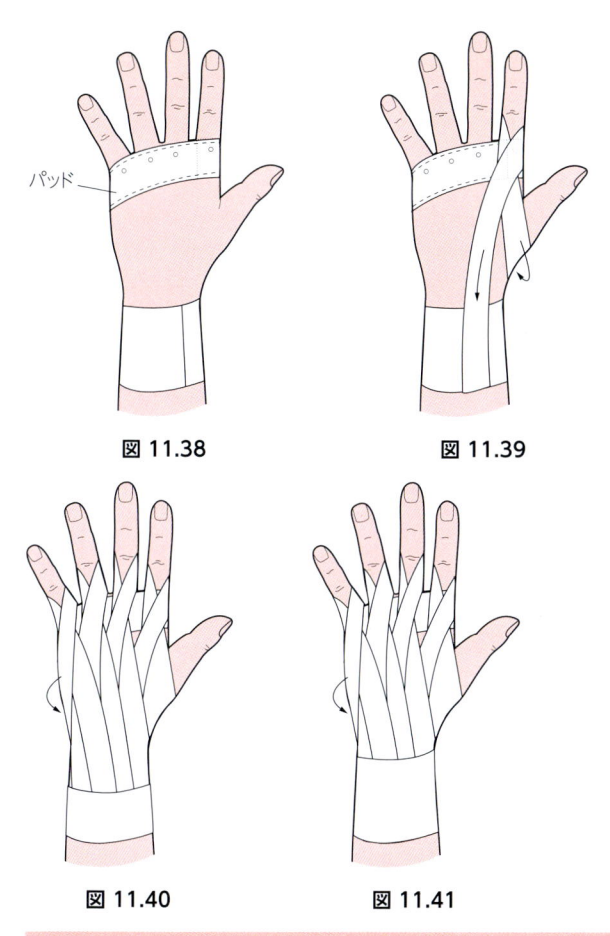

図 11.40　　　　図 11.41

注意
パッドは、指のまたにかぶさるように傾斜をつけて切り取ってもよい。または、潤滑剤を含ませたガーゼパッドを指の間に置いてもよい。

役に立つコツ
粘着スプレーはパッドに直接スプレーする。中手指節関節に貼る前に、ピンと張る。しっかりと固定されれば、アンカーは必要ない。

chapter 第12章

12 手指

手指の捻挫──
　バディーシステム …………………… 202
1本の指のテーピング ………………… 204
指関節の支持 …………………………… 206
クライマーの指の傷害 ………………… 208
予防的な母指のテーピング …………… 210
母指の簡単なチェックレイン
　フィギュアエイト法 ………………… 214
母指スパイカテーピング ……………… 216

テーピングテクニック

手指の捻挫――バディーシステム

R. マクドナルド

適 応

試合場での指の軽微な外傷、のばした指にボールが当たった場合、突き指

効 用

隣の指と一緒にテーピングすることで(機能的副子固定)、指を保護して支持する。

使用するもの

フォームまたはフェルトパッド、2.5cm幅テープ

患者の姿勢

施術者と向かい合わせで患者を立たせて、指を若干離して手を差し出させる。

施術方法

1. けがをした指とそれに添える指の間に、フェルト、フォーム、またはコットンウールをはさむ。
2. 基節骨と中節骨の周りにテープを巻き、手の甲側で閉じる。
3. 関節線をテープで覆わないこと。
4. スポーツによって、2または3本の指を一緒にテープでとめる(図12.1)。

確認事項

器具を持つ、握る、投げる、および、受ける動作ができるか？

禁 忌

骨折、靭帯断裂、または、腱の剥離が疑われる場合。

手 指

chapter 12

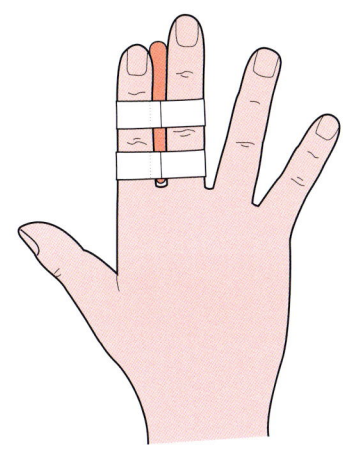

図 12.1

役に立つコツ
指が小さい場合には、テープを真ん中で引き裂くとよい。

テーピングテクニック

1本の指のテーピング

J. オニール

効　用

指の側副靱帯の支持を助ける。

使用するもの

テープ粘着剤、1.25cm幅多孔性テープ

患者の姿勢

けがをした指を弛緩位に伸展させる。

施術方法

このテクニックは、膝の側副靱帯の捻挫のテーピングと同様のものである。

1. テープ粘着剤を施す。
2. 中節骨と基節骨の周りに、1.25cm幅テープのアンカーストリップを貼る。
3. 1.25cm幅テープを8枚、予め約5~8cmの長さに切っておき、図12.3に示したように貼る。
4. 中節骨と基節骨の周りのテープを、2.5cm幅テープのストリップで覆う(図12.4)。
5. 最後に、けがした指と隣の指を合わせて、"バディーテープ"を巻き、支持を補助する(図12.5)。

確認事項

テープがきつすぎないように注意する。

手 指

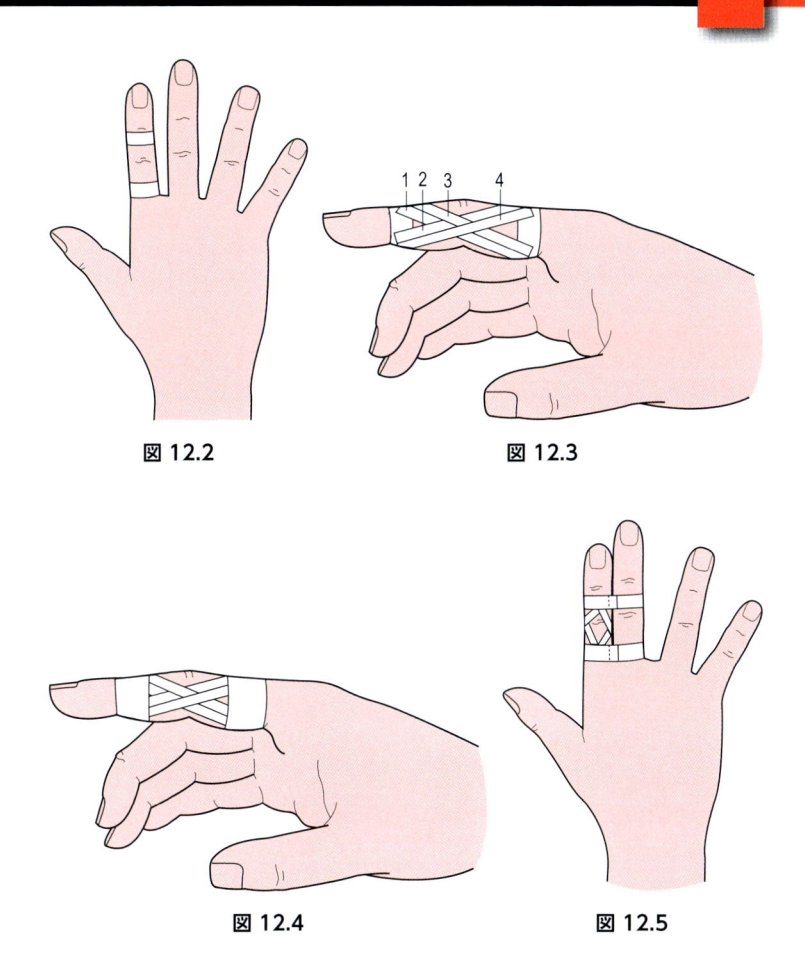

chapter 12

図 12.2

図 12.3

図 12.4

図 12.5

役に立つコツ
指にテーピングする時に、約15°に屈曲させる。こうすると、より快適になる。

205

テーピングテクニック

指関節の支持

R. マクドナルド

適　応

側副靱帯捻挫

効　用

指の屈曲および伸展ができる機能肢位で関節を支持する。

使用するもの

2.5cm幅テープ、指が小さい場合には真ん中で引き裂くとよい

患者の姿勢

施術者と向かい合い、手の甲を上に向けて、指を若干離す。

施術方法

1. 粘着面同士を3分の2程度折り返したテープの小片で爪を覆う。残った粘着面を爪のすぐ近位の皮膚に貼る(図12.6)。
2. 中手指節関節から指の先端までの長さを測って、4枚のストリップを裂く。
3. 近位指節間関節を横切るように1枚のストリップを斜めに貼り、基節骨と末節骨の周りに端部を巻く(図12.6)。
4. 関節の反対側で繰り返す。
5. 同じストリップをさらに2回貼る。この時、テープが関節線を覆わないようにする(図12.7)。
6. 近位と遠位にアンカーを貼って固定する。

確認事項

患者は指を普通に使えるか?

手 指

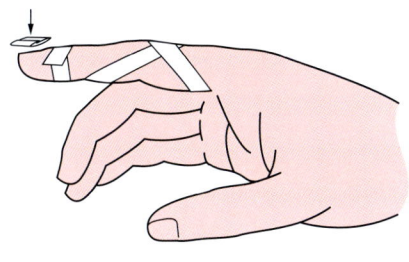

chapter 12

図 12.6

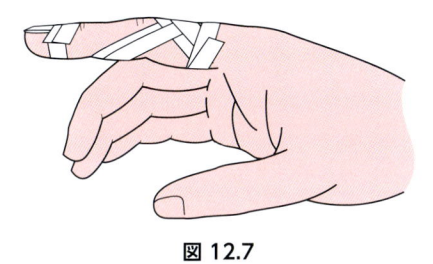

図 12.7

役に立つコツ
水を使う時は、指サックか粘着包帯で覆う。このテクニックでは手袋をはめてもよい。

テーピングテクニック

クライマーの指の傷害

R. マクドナルド

適 応

クライマーの指屈筋の筋違い。第4指、薬指に多い

効 用

指を屈曲した位置で安定化させ、近位指節間関節の伸展を制限する。

使用するもの

2.5cm幅リジッドテープ、2.5cm幅粘着包帯

患者の姿勢

患者を座らせ、前腕を回外させてテーブルの上に置き、手をテーブルの端から出して、指を屈曲させる。

施術方法

1. テープを約15cmの長さに切る。
2. テープの一端を裂いて、掌側から基節骨の周りに巻く。背面で閉じてアンカーを貼る。
3. テープを親指と人差し指の間で撚ってロープにする(図12.8)。
4. テープのもう一端を裂き、(捻挫した腱の位置に応じて)中節骨または末節骨の周りにテープを巻き、指を屈曲した位置で維持する(図12.9)。
5. もう1枚のアンカーを末節骨の周りに巻いて、背面で閉じる。
6. 指を粘着包帯で巻く。

確認事項

指骨が、屈曲した位置で安定しているか確認する。血液循環を確認する。

禁 忌

はがす時に爪床を損傷することがあるので、爪にテープを貼らないこと。

手　指

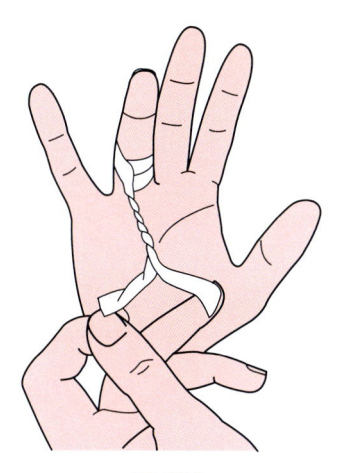

chapter 12

図 12.8

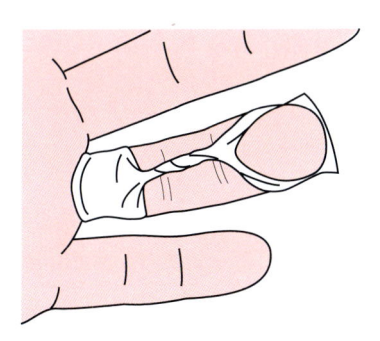

図 12.9

役に立つコツ
テーピングの前に、爪の近位の皮膚に貼り付けるために少しだけ粘着面を残して粘着面同士を貼り付けたテープの小片で、爪を覆う。

テーピングテクニック

予防的な母指のテーピング

D. リーズ

適 応

アイスホッケー、ハンドボール、スキー、サッカーのゴールキーパーなど、スポーツ中の親指の過伸展によるけがの予防

効 用

親指の他の重要な機能を阻害することなく、親指の過伸展と掌の靱帯のさらなる損傷を予防する。簡単な方法なので、うまく機能するように、選手自身が張力を調整することができる。

使用するもの

2.5cm幅または1.25cm幅テープストリップ（親指の幅よりも狭いこと）、手首の掌側を覆うような形のフォームラバーの小片

患者の姿勢

患者を立たせるか座らせる。

施術方法

手を清潔にし、乾燥させ、テーピングする領域を剃毛する。まず、患者に拳を握らせる。手首の腱を保護するために、四角く切ったフォームラバーを、手首の掌側に置く（図12.10）。

アンカー

尺骨および橈骨茎状突起の近位約5cmを始点としてアンカーテープ1および2を固定する。前腕と手の接合部の自然な角度に合わせて、テープを貼る。前のアンカーテープに、約3分の1幅だけ重ねて、遠位に向かって貼ってゆく。アンカーテープが、動きの範囲を制限しないか確認しておく（図12.11）。

手 指

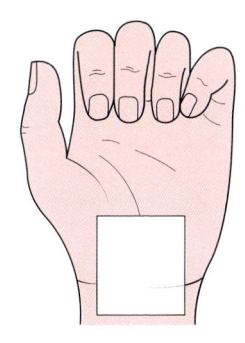

chapter 12

図 12.10

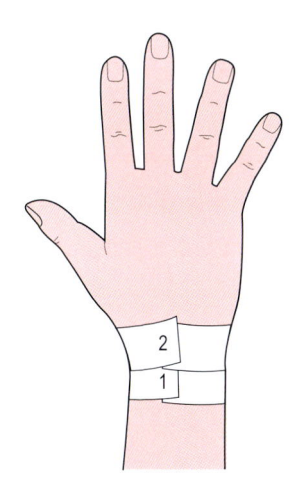

図 12.11

211

テーピングテクニック

サポート

長さ60cmで親指の幅より少し狭いストリップを2枚、互いに重なるようにして貼る。手を開いて、第1指の背面の基部をサポートテープの始点とする。親指の中線に沿ってテープを引っ張り、親指の爪を越えて、手の掌側で尺骨茎状突起に向かって掌の靱帯を越える(図12.12、12.13)。手首の周りにサポートの残りを巻く(図12.14)。

ロックストリップ

親指の第2指骨の周りにストリップの小片を固定し、第1指骨の基部の周りに互いに重なり合うように、数枚のストリップを巻く(図12.15)。

確認事項

活動時に必要なテープの張力とテープによる制限を患者に決めさせる。道具やボールを持たせて、最終調整する。

禁　忌

親指の過伸展時に過剰運動性が見られる場合。

手 指

chapter 12

図 12.12

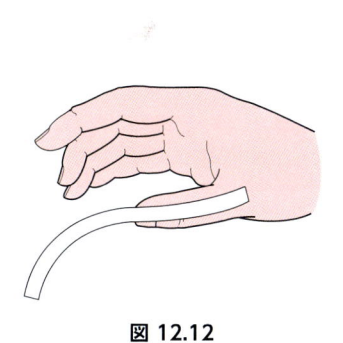

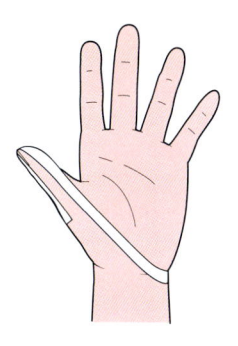

図 12.13

図 12.14

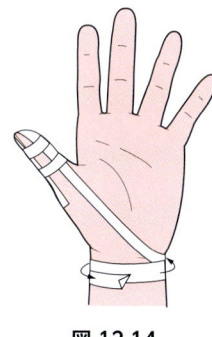

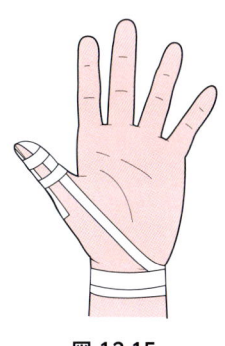

図 12.15

役に立つコツ
テープの端を引っ張って手首の周りの張力を変えることにより、活動中に調整できると患者に伝えておくこと。

テーピングテクニック

母指の簡単なチェックレインフィギュアエイト法

R. マクドナルド

適 応

親指の過伸展

効 用

関節の安定化と、親指の伸展および外転の制限。

使用するもの

2.5cm幅または1.25幅テープ

患者の姿勢

手を機能的肢位にする(握手をするように施術者と向かい合う)。

施術方法

1. 親指の基節の背面を始点とする。掌に向かって親指の周りにテープを巻き、指のまたを通す時にテープをねじる。手の甲側にテープを回して、皮膚に貼り付けて行き、さらに、掌側に貼り付けて、指のまたに戻る。
2. 親指を掌に向けて引きつけ、機能位にし、テープを始点に付ける(親指の周りに終端を巻かないこと)(図12.16)。このチェックレインは、他の親指のテーピングにも利用できる。

手 指

chapter 12

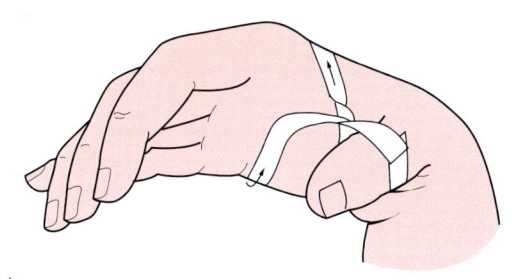

(a)

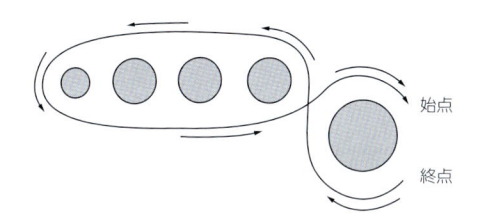

(b)

始点
終点

図 12.16

注意
伸展の抑制ためには、掌に向かって張力をかけること。
外転の抑制のためには、手の甲に向かって張力をかけること。

役に立つコツ
粘着力を高めるために、掌に粘着スプレーを施し、掌に接着剤をつける。
親指の爪を押して、血液循環を確認する。

テーピングテクニック

母指スパイカテーピング

K. E. ライト

適 応

親指の捻挫

効 用

手の第1中手指節関節を支持し安定性を与える。

使用するもの

2.5cm幅粘着テープ

患者の姿勢

掌を下に向けて、親指を若干屈曲させ、指骨を内転させる。

施術方法

1. 粘着テープのアンカーストリップを手首の周りに巻く（図12.17）。尺骨顆を始点にし、前腕の末端の背面を越えて手首を一周させる。
2. 3枚の内の最初のサポートストリップを、第1中指節骨関節に貼る（図12.18）。尺骨顆を始点にして、手の甲にテープを回し、外側関節線を覆い、親指を一周させて、掌側を通して、尺骨顆に戻る（図12.19）。
3. ステップ2をさらに2回繰り返す（図12.20）。
4. テープを適所に保持するために、手首の周りに最後のアンカーを巻く（図12.21）。

手 指 chapter 12

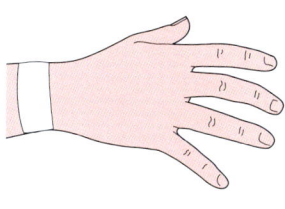

図 12.17

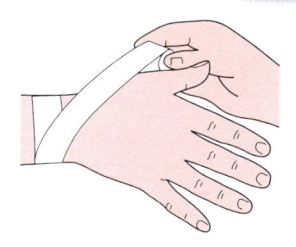

図 12.18

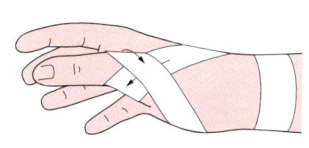

図 12.19

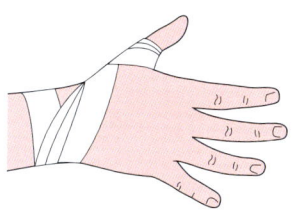

図 12.20

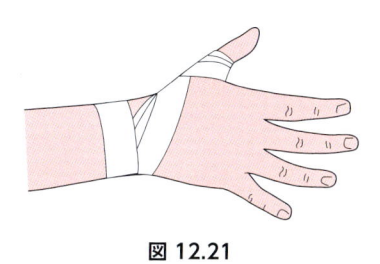

図 12.21

217

13

スパイカおよび三角巾

chapter
◀◀ 第12章

R. マクドナルド

　スパイカ包帯またはフィギュアエイト包帯は、さまざまな症状に大変有効であり、多くは自分で巻くことができる。状況によっては、スパイカ包帯の方が、テーピングよりも適切であり、けがをした構造を保護し、可動範囲を制限し、腫れと出血を抑えるために、応急手当の方法として用いられることが多い。伸縮性エラスティックテープまたは非粘着性包帯を用いることもできる。患部を冷やしたり温めたりするため、または、治療のためのエクササイズを行うために、サポートを外さなければならない場合には、何度も使うことができ、費用も少なくて済むので、包帯の方が適切である。スパイカ包帯は、きつくなりすぎない程度に、きっちり巻かなければならず、各ストリップが前に巻いたものと半分ずつ重なるようにする。急性のけがには、冷湿スパイカ包帯が望ましい。巻いた後に、血液循環と神経伝達を確認すること。

テーピングテクニック

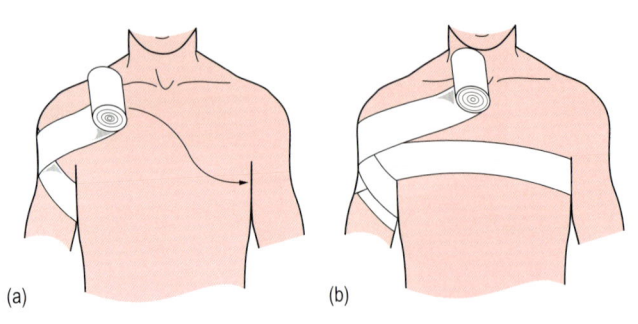

図 13.1 (a) および (b) 肩のスパイカ包帯

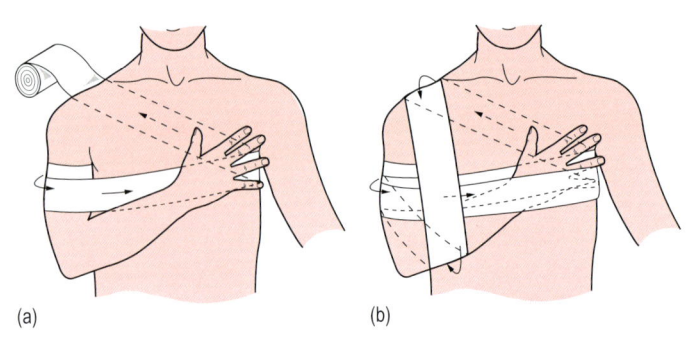

図 13.2 (a) および (b) 肩鎖関節および／または肩関節の脱臼の支持のための包帯

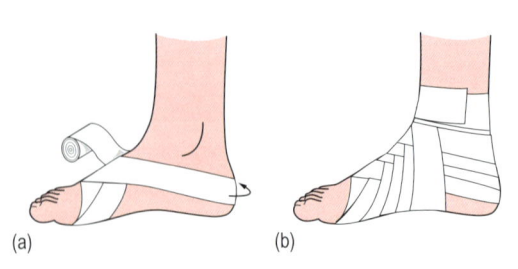

図 13.3 (a) および (b) 足首および足のスパイカ包帯

スパイカおよび三角巾

chapter 13

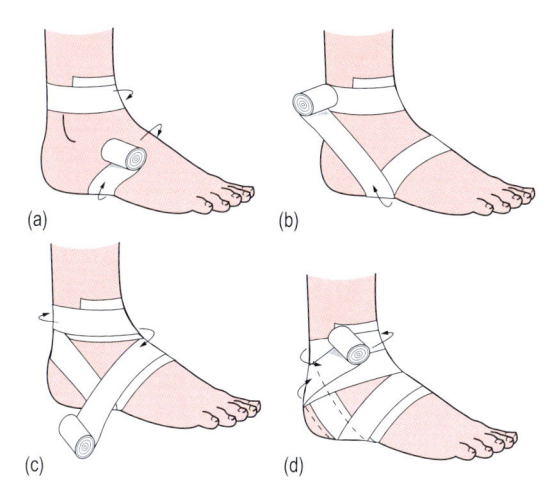

図 13.4 (a-d) 足首のラップ

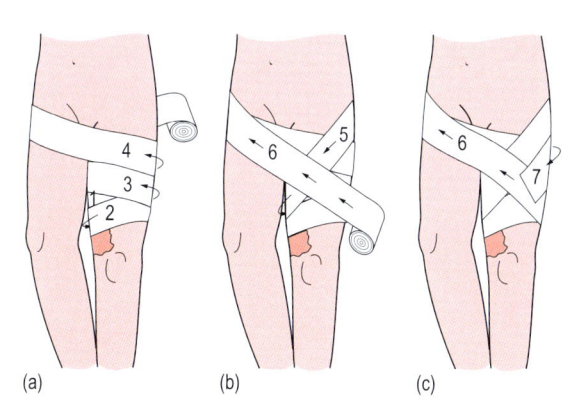

図 13.5 (a-c) 鼠径部のエラスティックサポート

テーピングテクニック

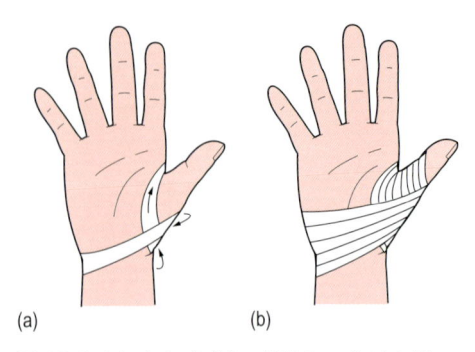

(a) (b)

図 13.6 (a) および (b) 親指のスパイカ包帯

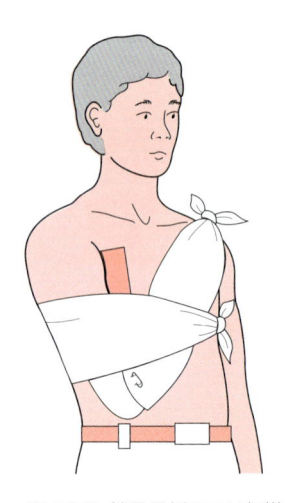

図 13.7 鎖骨骨折のつり包帯
セントジョン・アンビュランスのご厚意により複製。© 著作権 2003 年

スパイカおよび三角巾 chapter 13

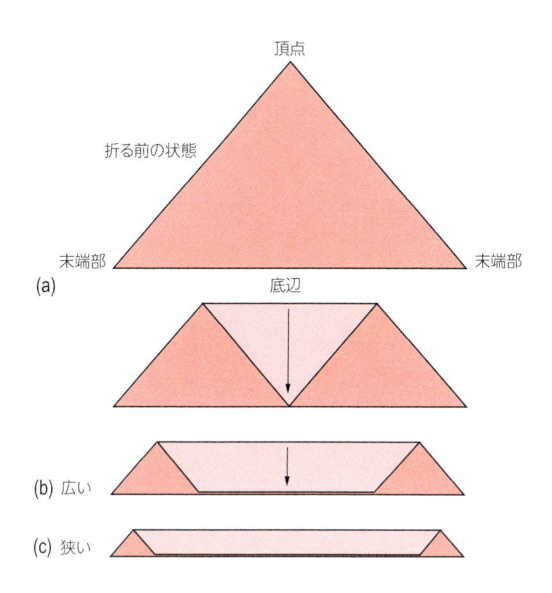

図 13.8 (a-c) 三角巾のたたみ方
セントジョン・アンビュランスのご厚意により複製。© 著作権 2003 年

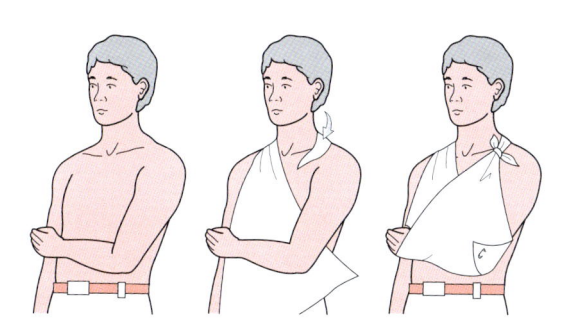

図 13.9 (a-c) 腕をつるためのつり包帯の準備
セントジョン・アンビュランスのご厚意により複製。© 著作権 2003 年

テーピングテクニック

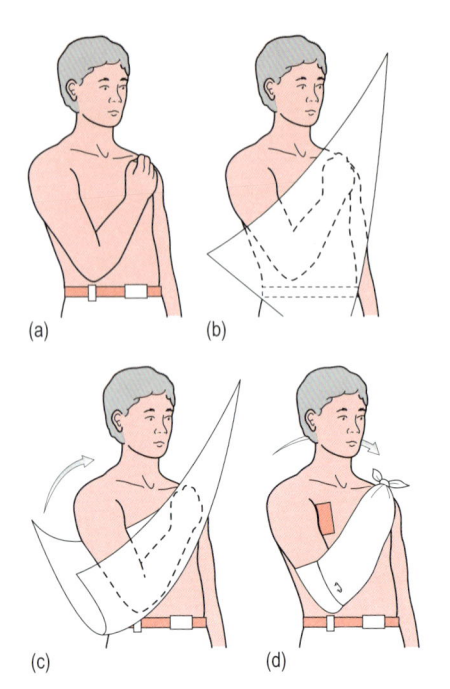

図 13.10（a-d） 挙上つり包帯の準備
セントジョン・アンビュランスのご厚意により複製。© 著作権 2003 年

224

用語集

AC 関節
肩鎖関節

ADL
日常生活動作

MTSS
内側脛骨ストレス症候群

SSTM
特異的軟組織マッサージ
(specific soft tissue massage)

アキレス腱
踵の後ろの腱

運動生理学
人間の体の動きを研究する学問

遠位
身体の中心から外側に離れた領域、
または最も遠い付着部

凹足
アーチが堅く高い足部

回外
掌を上に向けること

回内
掌を下に向けること

回内足
扁平足

過伸展
通常範囲を超えて伸展すること

肩回旋腱板
肩の筋肉を安定化させる腱

寛骨
骨盤帯を形成する平坦な骨

外側
身体から離れる方向、そとがわ

外転
身体の正中線から離れる動き

外反
遠位の骨／部分が体の正中線から
離れること、外反膝

近位
身体の中心に近づくこと、
または最も近い付着部

屈曲
曲げること

踝
距骨

脛骨
すねの骨

脛骨小結節
膝蓋腱への脛骨の付着部

腱症
腱そのものの変性

腱鞘炎
腱鞘の炎症

後方に
うしろ、背面

後方の
後の

固有受容感覚
身体の位置の感覚、
動きや方向の変化の知覚

挫傷
打撲

指
手指／足趾

膝窩
膝の後の空間

膝蓋
膝小僧

収縮
緊張させること

踵骨
踵の骨

伸筋腱
足首関節の前にある腱

伸張
伸ばすこと

上方に
上に

上腕二頭筋
上腕の前部にある筋肉

靱帯
骨同士をつなぐピンと張った帯状の組織

筋違い（筋挫傷）
筋肉の伸ばしすぎまたは断裂

スパイカ包帯
フィギュアエイト包帯テクニック

接着剤
テープの粘着性のある面

前十字靱帯
膝関節内で大腿骨に対して脛骨が
前方へ動くことを制限する靱帯

前方の
前の

足底腱膜
足の裏の強い結合組織

足底腱膜炎
足底腱膜起始部（踵付近）の炎症

対側
反対側

縦アーチ
踵からつま先に至る足部の底面にある
アーチ

大腿顆
大腿骨の骨端

大腿骨
ふとももの骨

大腿四頭筋
ふとももの前の筋肉

チェックレイン
動きを抑制するための強化テーピング

底屈
つま先と足部を床に向かって
下向きにすること

低刺激性
敏感肌でも反応を引き起こさない
性質のもの

掌
てのひら

同側性
同じ側

内側
身体に近づく方向、うちがわ

内転
身体の正中線に向かう動き

内反
遠位の骨／部分が体の正中線に
向かって内に向くこと、内反膝

内反
内側にひねること（例えば、足首捻挫）

捻挫
靱帯の伸ばしすぎまたは断裂

粘着包帯
ゴム入りで、自着し、
皮膚には貼りつかない包帯

背臥位
仰向け

背面
背側（例えば、手の甲）

ハムストリング筋
ふとももの後にある筋肉

評価
患者の症状などを判断する

腹臥位
うつ伏せ

扁平足
縦アーチが平坦な足部

母指球
掌側の親指の筋肉の部分（固有筋）

摩擦
こすること

横アーチ
足の裏の横方向のアーチ

リハビリテーション
治療し、健康を回復すること

索 引

あ

アーチ痛 48
アキレス腱
 足首背屈および後足部の動きの抑制 74
 関連痛 94
 支持, 簡単な方法 82-3
 支持, 後足部安定化 84-5
アキレス腱炎 74
アキレス腱傷害 76
足首 66-99
 過回内 46
 外傷予防 14
 機械的不安定性 12-11
 機能的不安定性 13
 急性の傷害 12
 クローズド・バスケットウィーブ 90-3
 脛腓靱帯結合 72-3
 最新の文献 12-15
 スパイカ包帯 220
 テーピングテクニック 14-15
 背屈および後足部の動きの抑制 74
 浮腫の制御 12
 ブレース 14
 プレラップ 14
 予防的テーピング 86-9
 ラップ 221
 アキレス腱も参照

足首捻挫
 急性 70-1
 急性, オープン・バスケットウィーブ 68-9
 急性, 現場でのラップ 66-7
 クローズド・バスケットウィーブ 90-3
 踵骨の動きの抑制 94-5
 閉鎖バスケットウィーブのためのヒールロック 92
アンカー 8
アンダーラップ 9
痛み止め 20-8
 痛みのある構造の負荷の軽減 21-2
 肩のテーピング 26-7
 神経組織の負荷の軽減 23-6
 テープの効果 22
 膝のテーピング 23
1本指のテーピング 204-5
インピジメント
 肩 26, 132, 134, 136, 160
 肩甲骨下 138
 肩峰下 158
 肘 176
内側アーチ
 支持 56-7
 筋違い 52
腕つり 222-4
H反射 33
エラスティック包帯／テンソル 9

索引

オープン・バスケットウィーブ　68-9
オスグッド・シュラッター病　102, 106

か

階段昇降　34
過回内　52, 56
踵挫傷　62-3
角型ガーゼ　9
下肢　66-99
　痛み, 慢性背痛　124-5
　脛腓関節　96
　抗回内テーピング　98-9
　神経組織の負荷の軽減　23-6
　内側脛骨ストレス症候群(MTSS)　98-9
下肢伸展挙上(SLR)　122
過伸展膝　104
肩　142-69
　痛み止め　26-7
　インピジメント　26, 132, 134, 136, 160
　挙上　142-3
　肩甲骨筋亢進　33
　肩鎖(AC)関節を参照のこと
　上部僧帽筋の抑制　164-5
　上部僧帽筋の抑制のためのテーピング　32-3
　上腕骨頭整復　160-1
　スパイカ包帯　220
　多方向不安定症　162-3
　脱臼の支持　220
　適切な選択的テーピング　33-4
　肩甲骨も参照のこと
活動, 復帰　8
活動への復帰　8
下橈尺関節テーピング　190-1
過労性脛部痛　52
管状包帯　9

関節
　安定性　20
　ジャンパー膝　106
　組織の恒常性に関するDyeのモデル　20
　ニュートラルゾーン　20
関節窩上腕関節不安定性
　肩鎖(AC)関節テーピング　150-3
　テーピング　150-3
外側広筋(VL)
　活性化　22
　抑制　34-5, 114-15
外側上顆炎(テニス肘)　172-3
外側側副靱帯捻挫　108-9
ガイドライン, テーピングの　6-8
外反母趾　44-5
外反母趾　44-5
胸椎　128-39
　小関節面捻挫　130
　痛　128
　テーピング　128-9
　負荷軽減　130-1
　肩甲骨, 肩も参照のこと
距骨下関節
　足首背屈および後足部の動きの抑制　74
　機能障害　60
　踵骨の動きの抑制　94-5
挙上スリング　224
筋活動の変化　32-6
ギブニー／水平ストラップ　8-9
屈筋腱捻挫, 手指　208-9
クライマーの指の傷害　208
クリスタルパレスラップ　106-7
クローズド・バスケットウィーブ　90-3
クロスラップ　9
脛腓関節　96-7
脛腓靱帯結合　72-3
頸部痛　128
腱滑膜炎, 前腕　184-7
肩甲骨

229

索 引

　外旋　166-7
　後傾　168-9
　収縮　136-7
　上方回旋　158-9
　制御, ワトソンストラップ　134-5
　前鋸筋テーピング　138-9
　翼状　132-3
肩甲骨下インピジメント　138
肩甲骨筋亢進　33
肩鎖(AC)関節
　亜脱臼　146-7
　伸縮性テープを用いたスポーツのためのテーピング　154-7
　ストラップ　148-9
　脱臼の支持　220
　テーピング　150-3
　適合性　144-5
　非対称　142
腱板断裂　160
肩峰下インピジメント　158
原則, テーピング　6
現場での選手へのテーピング　6
現場でのラップ　66-7
コーレス骨折, 骨折後　190
抗回内テーピング　46
抗回内テーピング
　下肢　98-9
　足部　46-7
後足部
　安定化, アキレス腱サポート　84-5
　動きの抑制　74-5
骨盤安定性, 前面　120-1
骨盤前面の安定性　120-1
骨盤のずれ, 過度に外側水平方向へ　120
固有受容感覚　32-6

さ

鎖骨骨折スリング　222
サポートストリップ　8
三角巾　219, 222-4
指は手指を参照のこと
姿勢の矯正　128
膝蓋下脂肪体は脂肪体, 膝蓋下を参照のこと
膝蓋腱症　102-3
膝蓋大腿部下側の痛み　104
膝蓋大腿部痛症候群(PFPS)　15
　原因　34
　骨盤前面の安定性　120
芝生趾(タフ・トー)ストラップ　42-3
脂肪体, 膝蓋下
　薄くなる　62
　炎症　21, 23
　負荷軽減　102, 104-5
手指　202-9
　1本のテーピング　204-5
　関節支持　206-7
　クライマーの傷害　208-9
　爪　208, 209
　捻挫, バディーシステム　202-3
手指の側副靱帯
　支持　204-5
　捻挫　206-7
手掌保護テーピング(ラッセル網)　194-7
踵骨
　動きの抑制　94-5
　運動併用モビリゼーション(MWM)　60
　踵で始まる項目も参照のこと
踵痛　60-1
踵腓靱帯捻挫　86
シリアックス　55, 95
神経根刺激　124
神経組織, 負荷の軽減　23-6
伸縮性粘着包帯　4-5
　外側広筋　34-5
　上部僧帽筋　33

230

心電計(EMG)活性
上腕骨頭整復　160-1
水平ストラップ　8-9
スターアップ　8-9
スパイカ包帯(フィギュアエイト包帯)
　適用　219-22
　母指　216-17
スリング　222-4
整復, 肩のテーピング　26-7
仙腸関節(SIJ)
　機能障害　122-3
　不安定性　120
前鋸筋テーピング　138-9
前距腓靱帯捻挫　86
前十字テーピング　110
前腕腱滑膜炎　184-7
僧帽筋, 上部の抑制　32-3, 164-5
足根洞痛　94
足底腱膜炎
　抗回内テーピングの禁忌　47-9
　支持　54-5
　テーピング　48-51
　慢性　60
　ロー・ダイ・テーピング　52
足部　42-63
足部
　内側アーチの支持　56-7
　過回内　46
　踵挫傷　62-3
　芝生趾(タフ・トゥー)ストラップ　42-3
　踵痛　60-1
　足底腱膜炎テーピング　48-51
　足底腱膜炎の支持　54-5
　スパイカ包帯　220
　ロー・ダイ・テーピング　52-3
　踵骨, 後足部も参照のこと
鼠径部のエラスティックサポート　221
鼠径部のエラスティックサポート　221
組織の恒常性に関するDyeのモデル　20

た

体操選手, 掌保護テーピング　194-7
タルカムパウダー　9
第1中足趾節(MTP)関節捻挫
　痛　44-5
　捻挫　42-3
ダンサーの立方骨亜脱臼　58
ダンサーの立方骨亜脱臼　58-9
ダンサー, 立方骨亜脱臼　58-9
チェックレイン　9
　手首　188
　肘　176-7
　母指　214-15
第1中手指節(MTP)関節を参照のこと
腸脛靱帯(ITB)摩擦症候群　120
爪, 手指　208, 209
手　192-9
　挫傷　192-3
　手掌保護テーピング(ラッセル網)　194-7
　ボクサーの中手指節関節保護　198-9
テーピング
　ガイドライン　6-8
　原則　6
　役割　4
　用語　8-9
　用品　9-10
テーピングの役割　4
テーピングはさみ　9
テープ
　テープの種類　4-6
　適用　7-8
　外し方　8
　保管方法　8
テープカッター　9
テープリムーバー　9
低刺激性テープ　5
適用, テープ　7-8
手首　178-91
　過屈曲損傷　188-9

索引

過伸展損傷 188-9
下橈尺関節テーピング 190
筋違い 182-3
痛 190
テーピング 182-9
捻挫 182-3
パドラー 184-7
予防的テーピング 178-81
テニス肘 172-3, 174-5
転子滑液包炎 120
テンソル 9
トレンデレンブルグ徴候 120

な

内側脛骨ストレス症候群（MTSS） 48, 51, 98-9
　内側広筋斜頭（VMO）
　　活性化 22
　　膝のテーピング 15
内側側副靱帯捻挫 176-7
粘着除去スプレー 9
粘着スプレー 9
伸縮性粘着テープ 4-5
粘着包帯 5-6, 9

は

背屈, 足首および後足部の動きの抑制 74-5
ハイパーフィックス 9
背部下部痛および下肢痛 124-5
　神経組織の負荷の軽減 23-6
背部痛および下肢痛 124-5
　神経組織の負荷の軽減 23-6
はさみ, 包帯 9
外し方, 外し方 8
バディーシステム, 手指の捻挫 202-3
パッド 9
パドラー手首 184-7
ヒールウェッジ 53

ヒールパッド 55
ヒールロック 9, 92-3
腓骨腱筋違い 86
腓骨の弱化, 反射性 94
膝 102-15
　安定性 108-9
　痛み 96-7
　過伸展 104
　外側広筋の抑制テクニック 114-15
　外側側副靱帯捻挫 108-9
　サポート, クリスタルパレスラップ 106-7
　膝蓋腱症 102-3
　脂肪体の負荷の軽減 104-5
　ジャンパー膝 106
　前十字テーピング 110-11
　捻挫 112-13
　ランナー膝 120
　連続フィギュアエイトラップ 112-13
膝のテーピング
　痛み止め 2223
　最新の文献 15-16
肘 172-7
　インピジメント 176
　過伸展損傷 176-7
　簡単な上顆炎テクニック 174
　テニス肘 172-3, 174-5
非伸縮性粘着テープ 5
ヒルトン・ポズウェル法, 足首テーピング 14-15
フィギュアエイト包帯（麦穂）
　適用 219-22
　母指 216-17
フィクソムール 9
負荷の軽減
　痛みのある構造 21-2
　肩のテーピング 26-7
　胸椎 130-1
　脂肪体 102, 104-5

神経組織　23-6
フライヤーズ・バルサム　9
ヴリーミングテスト　122
プレラップ, 足首　14
プロラップ　9
扁平足, 足底腱膜炎の禁忌　55
保管方法, テープ　8
補強ストリップ　9
防水テープ　5
ボクサー , 中手指節関節の保護　198-9
ボクサーの中手指節関節保護　198-9
母指　210-17
　過伸展損傷　210, 214-15
　簡単なチェックレイン・フィギュアエイト法
　　214-15
　スパイカテーピング　216-17
　捻挫　216-17
　予防的テーピング　210-13

ま

ミランタ　77, 103
メフィックス　9

や

癒着性関節包炎　160
腰椎　118-25
　骨盤前面の安定性　120-1
　仙腸関節　122-3
　テーピング　118-19

ら

ラッセル網　194-7
ランナー膝　120
梨状筋症候群　120
ロー・ダイ・テーピング　52-3
ロイコテープP　51
ロックストリップ　9

わ

ワセリン　9
ワトソンストラップ　134-5

編著者紹介

編集

ローズ・マクドナルド
(Rose Macdonald)
英国学術協会・英国理学療法協会特別研究員

スポーツ理学療法顧問、
元スポーツセンター長、
クリスタルパレス国立スポーツセンター、
ロンドン、英国

寄稿者および担当ページ

チャック・アームストロング
(Chuck Armstrong)
理学療法医学修士課程修了

アームストロング理学療法クリニック、
サスカトゥーン、カナダ
p.194

ミシェル・J・キャラハン
(Michael J Callaghan)
修士およびPhd、英国理学療法協会会員、
国家公認理学療法士

リハビリテーション科学センター、
王立マンチェスター病院、
マンチェスター、英国
p.11

ウェイン・A・ヒン
(Wayne A Hing)
(優等)理学修士、アドバンス・ディプロマ
(整形外科徒手療法)、ディプロマ(マッサージ療法)、
ディプロマ(理学療法)

オークランド工科大学理学療法学科、
オークランド州、ニュージーランド
p.60, 70, 72, 76, 96, 102, 118, 122,
128, 146, 172, 190

アンドリュー・ヒューズ
(Andrew Hughes)
応用科学学士(理学療法)、オーストラリア理学療法
協会、オーストラリアスポーツ医学連盟特別研究員

スポーツ理学療法、リバプール、
ニューサウスウェールズ州、
オーストラリア
p.46, 120, 150

デビッド・ニーショー
(David Kneeshaw)
応用科学学士(理学療法)、
オーストラリア理学療法協会

バルメーン理学療法・スポーツ・傷害
センター、バルメーン、ニューサウス
ウェールズ州、オーストラリア
p.130, 132, 134, 136, 148

ゲーリー・ラペンスキー
(Gary Lapenskie)
理学学士(技術士)、理学学士(理学療法士)、
修士(技術士)

西オンタリオ大学運動生理学部、
ロンドン、オンタリオ州、カナダ
p.74, 94

ウーリック・マッカーシー・ペルソン
(Ulrik McCarthy Person)
PhD、理学修士、公認理学療法士マニピュレーション協会会員、アイルランド公認理学療法士協会会員

大学講師・コース長(スポーツ理学療法)、ダブリン大学理学療法・行動科学学科、ダブリン、アイルランド
p.31, 114, 138

ジェニー・マコーネル
(Jenny McConnell)
応用科学学士(理学療法)、徒手療法準士、医用生体工学修士

マコーネル・クレメンツ理学療法、モスマン、ニューサウスウェールズ州、オーストラリア
p.19, 104, 124, 160, 162

ローズ・マクドナルド
(Rose Macdonald)
英国学術協会・英国理学療法協会特別研究員

スポーツ理学療法顧問、英国、ロンドン
p.3, 44, 52, 54, 56, 58, 62, 66, 68, 90, 92, 106, 174, 176, 188, 198, 202, 206, 208, 214, 219

ヘレン・ミルソン
(Helen Millson)
ケープタウン大学研究修士(スポーツ理学療法)、英国理学療法協会会員

IPRS社、リトルブレイクナム、サフォーク州、英国
p.48, 78, 184

ディラン・モリシー
(Dylan Morrissey)
PhD、理学修士、(優等)理学士、公認理学療法士マニピュレーション協会会員、英国理学療法協会会員

理学療法士コンサルタント、タワー・ハムレッツプライマリケアトラスト、ロンドン、英国
スポーツおよび運動医学上級臨床講師、バーツ・ロンドン医科歯科大学(クイーンメリー)、ロンドン大学(ロンドン)、英国
p.98, 142, 144, 158, 164, 166, 168

ジェフ・オニール
(Jeff O'Neill)
修士課程修了、公認アスレティックトレーナー

マイアミ、フロリダ州、アメリカ
p.42, 204

デール・リーズ
(Dale Reese)
理学学士

ノルチェピング医療センター、ノルチェピング、スウェーデン
p.86, 178, 210

ダンカン・A・リード
(Duncan A Reid)
理学学士、ディプロマ(理学療法)、ディプロマ(マッサージ療法)、準士(マニピュレーション)、ニュージーランド理学療法カレッジ

オークランド工科大学理学療法学科、オークランド州
ニュージーランド
p.60, 70, 72, 76, 96, 102, 118, 122, 128, 146, 172, 190

オリビエ・ルイヨン
(Olivier Rouillon)
医師

オルメッソン・シュル・マルヌ、フランス
p.82, 108, 154

ケニス・E・ライト
(Kenneth E Wright)
博士号取得、公認アスレティックトレーナー、健康科学修士、準士(マニピュレーション)、ディプロマ(マッサージ療法)、ディプロマ(理学療法)、理学学士

アラバマ大学健康科学部、タスカルーサ、アラバマ州、アメリカ
p.110, 112, 182, 192, 216

ガイアブックスの本

足の疾患と症例 65

アセスメントと
エビデンスに
基づく
診断と治療

監修：熊田佳孝
（日本フットケア
学会理事長）
著者：コリン・E・
トムソン／J・N・
アラステア・
ギブソン

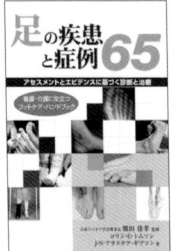

本体価格 3,200 円

臨床現場の実践本 薬剤ガイド

薬物投与・
薬剤処方の
指針となる
実践的ガイド

監修：田中 正敏
著者：アン・リチャーズ

本体価格 3,400 円

編集：
ローズ・マクドナルド (Rose Macdonald)
肩書きは 234 ページ参照。

監修：
村井 貞夫（むらい さだお）
日本体育協会公認アスレチックトレーナー、マスター。東海リハビリテーション専門学校理学療法学科部長。関東労災病院リハビリテーション科技師長、総合川崎臨港病院リハビリテーション科技師長および多摩リハビリテーション学院学院長補佐、北都健勝学園学長・学校長補佐を経て現職に。監修書に『誰でもわかる動作分析 II』、編書に『スポーツトレーナーマニュアル』（いずれも南江堂）など。

翻訳：
小坂 由佳（こさか ゆか）
京都大学理学部生物科学専攻。京都大学大学博士（理学）取得。訳書に『足の疾患と症例 65』『庭園の謎を解く』（いずれも産調出版）がある。

Pocketbook of Taping Techniques
テーピングテクニック〈ファンクショナル・テーピング携帯ハンドブック〉

発　　　行	2011 年 4 月 1 日
発　行　者	平野　陽三
発　行　元	**ガイアブックス**

〒 169-0074 東京都新宿区北新宿 3-14-8
TEL.03 (3366) 1411　FAX.03 (3366) 3503
http://www.gaiajapan.co.jp

発　売　元　産調出版株式会社

Copyright SUNCHOH SHUPPAN INC. JAPAN2011
ISBN978-4-88282-787-0 C3047
落丁本・乱丁本はお取り替えいたします。本書を許可なく複製することは、かたくお断わりします。
Printed in China